essentials

essentials liefern aktuelles Wissen in konzentrierter Form. Die Essenz dessen, worauf es als „State-of-the-Art" in der gegenwärtigen Fachdiskussion oder in der Praxis ankommt. *essentials* informieren schnell, unkompliziert und verständlich

- als Einführung in ein aktuelles Thema aus Ihrem Fachgebiet
- als Einstieg in ein für Sie noch unbekanntes Themenfeld
- als Einblick, um zum Thema mitreden zu können

Die Bücher in elektronischer und gedruckter Form bringen das Expertenwissen von Springer-Fachautoren kompakt zur Darstellung. Sie sind besonders für die Nutzung als eBook auf Tablet-PCs, eBook-Readern und Smartphones geeignet. *essentials:* Wissensbausteine aus den Wirtschafts-, Sozial- und Geisteswissenschaften, aus Technik und Naturwissenschaften sowie aus Medizin, Psychologie und Gesundheitsberufen. Von renommierten Autoren aller Springer-Verlagsmarken.

Weitere Bände in der Reihe http://www.springer.com/series/13088

Sebastian Pioch

Digital Entrepreneurship

Ein Praxisleitfaden für die
Entwicklung eines digitalen Produkts
von der Idee bis zur Markteinführung

Sebastian Pioch
Fachbereich Wirtschaft & Medien
Hochschule Fresenius
Hamburg, Deutschland

ISSN 2197-6708   ISSN 2197-6716   (electronic)
essentials
ISBN 978-3-658-24067-7   ISBN 978-3-658-24068-4   (eBook)
https://doi.org/10.1007/978-3-658-24068-4

Die Deutsche Nationalbibliothek verzeichnet diese Publikation in der Deutschen Nationalbibliografie; detaillierte bibliografische Daten sind im Internet über http://dnb.d-nb.de abrufbar.

Springer Gabler ist ein Imprint der eingetragenen Gesellschaft Springer Fachmedien Wiesbaden GmbH und ist ein Teil von Springer Nature
Die Anschrift der Gesellschaft ist: Abraham-Lincoln-Str. 46, 65189 Wiesbaden, Germany

Was Sie in diesem *essential* finden können

- Ideenfindung und Geschäftsmodell
- Marktrecherche
- Entwickeln eines Prototyps
- Markteinführung
- Exkurs agile Arbeitsmethoden

Vorwort

Digital Entrepreneurship beschreibt jene Bereiche der BWL, die speziell Unternehmungen zuzuordnen sind, welche ohne physische Ressourcen wertschöpfen. Im Gegensatz zum klassischen Unternehmertum gelten hier einige Besonderheiten, die gerade in der aktuellen Diskussion zur *Digitalen Transformation* breite Anwendung finden. Dabei handelt es sich etwa um Gesetzmäßigkeiten wie *„The winner takes it all."*, Phänomene wie die *Zero Marginal Cost* oder der Einsatz agiler Arbeitsmethoden wie z. B. scrum.

Der vorliegende Praxisleitfaden beschreibt an einem durchgehenden Beispiel den Prozess der Ideenfindung bis zum Launch eines digitalen Produkts. Dabei werden insbesondere die Phasen der Marktrecherche, der Prototypentwicklung und des Markteintritts beschreiben. Der Leitfaden schließt sodann mit einem Exkurs zum Thema agile Arbeitsmethoden. Der hier skizzierte Prozess eignet sich sowohl zur Umsetzung durch Start-ups als auch durch bereits bestehende Unternehmen. Der Leitfaden richtet sich ferner an Studierende, welche sich hier einen einführenden Abriss der wichtigsten Arbeitsschritte wünschen.

Das vorliegende *essential* basiert im Wesentlichen auf Teilen der Entrepreneurship-Lehre von Prof. Sebastian Pioch, der gleichsam auch als Founder des hier als Beispiel dienenden Start-ups entsprechende Einblicke gewährt. Den Leserinnen und Lesern wird empfohlen, den vorliegenden Leitfaden in der Nähe eines Computers oder Tablets zu lesen, da er viele Verweise zu digitalen Beispielen enthält, die sodann idealerweise direkt online nachgeschlagen werden können.

Der Autor freut sich über Anregungen bzw. Feedback und wünscht eine erfolgreiche Produktion innovativer digitaler Produkte!

Hamburg, Deutschland   Sebastian Pioch
Im Oktober 2018

Inhaltsverzeichnis

Über den Autor

Dr. Sebastian Pioch lehrt als Professor für Digital Entrepreneurship an der Hochschule Fresenius in Hamburg und leitet dort das Digital Innovation-Lab. Seine Dissertation zum Thema „Start-up Intelligence" verfasste er an der Filmuniversität Babelsberg und entwickelte darin ein Modell zur Entscheidungsfindung in der frühen Gründungsphase. Der Medien- und Informationswissenschaftler ist selbst auch als Gründer aktiv. So prämierte etwa das BMWi 2009 eine seiner Ideen mit dem EXIST-Gründerstipendium.

Sein aktuelles Projekt „proofler.com", eine Online-Anwendung zur Entscheidungsfindung, wurde 2016 für den Gründen Live-Preis nominiert und motivierte 2017 das VC-Unternehmen 20scoops zu einem sechsstelligen Investment.

Kontaktinformationen:
Hochschule Fresenius
Alte Rabenstr. 32
20148 Hamburg
sebastian.pioch@hs-fresenius.de

Einleitung

1

Im nachfolgenden Kapitel sollen zunächst einige Begriffe besprochen werden, um sodann den Prozess zu beschreiben, wie aus einer Idee ein digitales Geschäftsmodell entwickelt werden kann.

Digital Entrepreneurship ist eine noch recht junge Disziplin und daher mithin nicht durchgehend bekannt. Entrepreneurship indes wird seit mehreren Jahren untersucht und wird etwa von Fueglistaller et al. wie folgt definiert:

> Entrepreneurship ist ein Prozess, der von Individuen initiiert und durchgeführt wird und dazu dient, unternehmerische Gelegenheiten zu identifizieren, zu evaluieren und zu nutzen (Fueglistaller et al. 2016, S. 2).

Unternehmerische Gelegenheiten werden hier als Situationen verstanden, in denen neue Zweck-Mittel-Beziehungen möglich sind und Produkte bzw. Dienstleistungen verkauft werden können (Fueglistaller et al. 2016, S. 2). Vereinfacht gesagt handelt es sich bei unternehmerischen Gelegenheiten und temporäre Chancen, ökonomische Vorteile zu nutzen.

Jene Chancen werden etwa vom Markt nachgefragt, wenn z. B. im Herbst ein entsprechender Bedarf an Winterreifen existiert (market pull), sie werden am Markt etabliert, indem neue Angebote wie z. B. die Pokémon einen wahren Hype auslösen (market push) und sie können ggf. technologiebasiert entstehen, wenn z. B. der nunmehr schnelle Upload Angebote wie Dropbox erst möglich macht.

Kauffman ergänzet die o.a. Entrepreneurship-Definition wie folgt:

> Entrepreneurship is the process of creating something new with value by devoting the necessary time and effort; assuming the accompanying financial, psychic, and social risk and uncertainties; and receiving the resulting rewards of monetary and personal satisfaction (Kauffman 2010, S. 6).

© Springer Fachmedien Wiesbaden GmbH, ein Teil von Springer Nature 2019
S. Pioch, *Digital Entrepreneurship*, essentials,
https://doi.org/10.1007/978-3-658-24068-4_1

Der Autor schlägt vor, dem recht sperrigen Definitionsversuch insofern zu begegnen, als dass Entrepreneurship schlicht auch als eine Haltung von Individuen verstanden werden kann, unter-nehmerische Chancen zu identifizieren, zu evaluieren und diese erfolgreich am Markt zu nutzen.

1.1 Besonderheiten des Digital Entrepreneurship

Worin bestehen nun die Besonderheiten beim Digital Entrepreneurship zum klassischen Unternehmertum? Hier kann zunächst ein Definitionsversuch der European Commission aus 2014 helfen, der da sagt:

> Digital entrepreneurship embraces all new ventures and the transformation of existing businesses through novel digital technologies. Digital enterprises are characterised by a high intensity of utilisation of novel digital technologies (particularly social media, big data analytics, mobility, cloud and the digitisation of manufacturing) to improve business operations, invent new business models and engage with customers and stakeholders (European Commission 2014, S. 8).

Kollmann, der alternativ von *E-Entrepreneurship* spricht (im Kern aber Digital Entrepreneurship meint), kommt auf folgenden Definitionsversuch:

> Unter E-Entrepreneurship wird die Schaffung einer selbständigen und originären rechtlichen Wirtschaftseinheit in der Digitalen Wirtschaft (E-Venture) verstanden, innerhalb der die selbständige(n) Gründerperson(nen) einen fremden Bedarf decken möchte(n) (Kollmann 2016, S. 13).

Auch hier möchte der Autor den Vorschlag einer Vereinfachung sowie zur Ergänzung Kollmanns Ansatzes unterbreiten. So lässt Kollmann durch seinen Bezug auf Gründerpersonen außer Acht, dass Entrepreneurship nicht zwingend durch Einzelpersonen, sondern sodann auch von bestehenden Unternehmen betrieben wird. Gerade im Zuge der Digitalen Transformation scheint es doch indiziert zu sein, hier auch die Unternehmen zu integrieren.

Ferner führt eben jener Bezug auf eine vermeintlich notwendige Gründung, um als Entrepreneur tätig zu werden, nach Erfahrung des Autors dazu, dass etwa Studierende jenes Thema bisweilen nur dann als relevant betrachten, wenn sie konkrete Gründungsabsichten verfolgen. Dies scheint jedoch fatal zu sein, da die Fähigkeit zum unternehmerischen Denken und Handeln, gepaart mit entsprechenden digitalen Kompetenzen, in den meisten Berufsbildern der Digitalwirtschaft für die kommenden Jahre vonnöten sein dürfte.

So kann nach Einschätzung des Autors Digital Entrepreneurship auch wie folgt definiert werden:

▶ Digital Entrepreneurship beschreibt den Prozess, in dem Individuen unternehmerische Gelegenheiten identifizieren, evaluieren und erfolgreich nutzen, indem sie digitale Produkte entwickeln, oder aber analoge Produkte über digitale Kanäle vertreiben.

Die Besonderheiten des Digital Entrepreneurship sind insbesondere darin zu sehen, dass einerseits wesentlich geringere Produktkosten existieren und andererseits erheblich stärkere Skalierungseffekte möglich sind. Als Beispiel soll hier auf das Unternehmen Airbnb verwiesen werden, das über eine Plattform zwei Peers zusammenbringt, nämlich einerseits Menschen, die temporär Wohnraum vermieten möchten und andererseits jene, die genau das suchen (Vgl. Nambisan 2017, S. 1031 f. u. Fang, Z; Collier, A. 2016, S. 2176 f.).

Der wesentliche Unterschied zu einem Hotel (klassisches Unternehmertum) besteht darin, dass Airbnb keine physischen Ressourcen (Hotels) benötigt, damit das Geschäftsmodell funktioniert. Dadurch benötigt Airbnb auch nur einen Bruchteil der Mitarbeiter, welche für ein ähnliches Geschäftsergebnis etwa einer Hotelkette nötig wäre und Airbnb kann darüber hinaus natürlich wesentlich schneller wachsen (Skalierungseffekte). Dies ist u. a. auch der Grund, warum solche Digitalunternehmen zu derart astronomischen Bewertungen gelangen.

Ein weiterer Unterschied zwischen Digital Entrepreneurship und klassischem Unternehmertum ist, dass Nutzer digitaler Angebote nicht a priori auch die Kunden sind, sprich für das Angebot zahlen. Hier existieren Unterschiede bei den Erlösmodellen, worauf in Abschn. 2.4 näher eingegangen wird.

Die größte Herausforderung beim Entwickeln digitaler Produkte dürfte freilich das Risiko sein, jenes Angebot am Markt vorbei zu manövrieren. Sehr häufig sind jene Produkte so neu, dass potenzielle Kunden sie nicht kennen bzw. deren Nutzen nur bedingt einschätzen können. (Pflaum u. Schulz 2017, S. 237 f.) Um dieses Risiko zu minimieren haben sich in den vergangenen Jahren diverse Methoden und Prozesse bewährt, die in den folgenden Kapiteln entsprechend vorgestellt werden.

Ideenfindung und Geschäftsmodell

2

Das nachstehende Kapitel widmet sich der Frage, wie digitale Ideen gefunden bzw. wie aus ersten Ansätzen konkrete Konzepte und sodann Geschäftsmodelle entwickelt werden können.

2.1 Prozess der Ideenfindung

Digitale Ideen können in verschiedensten Situationen entstehen – so wie analoge Konzepte ebenfalls. Dafür bieten sich eine Menge geeigneter Kreativtechniken an. Diese hier alle vertiefend aufzuführen würde den Rahmen des vorliegenden Leitfadens sprengen. Vielmehr soll auf ein Werk der Dark Horse Innovation verwiesen werden, welche in dem „Digital Innovation Playbook" umfassend und anschaulich eine Art *best of Kreativtechniken* zusammengestellt hat (Siehe Dark Horse Innovation 2016). Sie entwickeln darin u. a. ein Innovation Board, welches sich in die Phasen *Explore, Create, Evaluate* unterteilt (Abb. 2.1).

In der Explore-Phase geht es darum, verschiedene Instrumente anzuwenden, um entsprechende Ideen zu finden (Dark Horse Innovation 2016, S. 62 ff.). Eines der wirkungsvollsten Instrumente im Rahmen der Ideenfindung und sodann auch zum Testen jener Ansätze ist das *Design Thinking*. Dabei handelt es sich um einen Prozess, der in sechs Phasen, die bei Bedarf wiederholt werden können, ein Problem löst, oder aber ein Produkt entwickelt.

Dabei ist dem Konzept insbesondere inhärent, dass Personen mit verschiedenen Hintergründen einen demnach multiperspektiven Ansatz wählen, statt, wie oft üblich, in Silos der gleichen Disziplin zu arbeiten (Vgl. ZEIT Akademie 2017, S. 18 f.). Darüber hinaus steht Design Thinking dafür, den Nutzer stets in den Kern aller Überlegungen zu rücken. Darauf wird im Verlauf dieses Leitfadens

© Springer Fachmedien Wiesbaden GmbH, ein Teil von Springer Nature 2019
S. Pioch, *Digital Entrepreneurship*, essentials,
https://doi.org/10.1007/978-3-658-24068-4_2

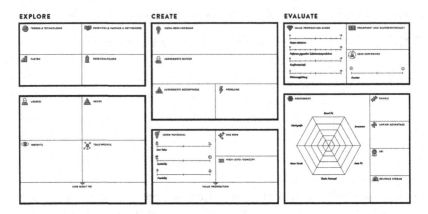

Abb. 2.1 Das Innovation Board der Dark Horse Innovation. (Entnommen aus: http://www.digital-innovation-playbook.de)

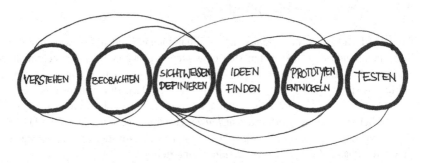

Abb. 2.2 Die Phasen des Design Thinking. (Entnommen aus Pioch et al. 2018, S. 34)

immer wieder eingegangen, da jenes Vorgehen in den meisten Fällen dazu führt, dass Ideen bzw. Produkte erfolgreich am Markt platziert werden können.

Die Abb. 2.2 führt die erwähnten sechs Phasen des Design Thinking auf.

Die Abb. 2.2 macht deutlich, dass aus dem eigentlichen Vorgang, in dem die Ideen gefunden werden, zunächst verstanden werden sollte, was entweder das Problem ist, das es sodann zu lösen gilt, oder aber den Bedarf genau zu erkennen, dem ein entsprechendes Angebot gegenübergestellt werden soll.

2.2 Vorstellung Praxisbeispiel

Als praktisches Beispiel, welches durchgehend in diesem Leitfaden verwendet wird, soll eine Online-Anwendung dienen, welche der Autor maßgeblich mitentwickelt hat. Dabei handelt es sich um die Entscheidungssoftware www.proofler.com, die kostenlos verwendet werden kann.

Der Autor hat in diversen Beratungsgesprächen beobachten können, dass etwa Studierende insbesondere generischer Studienfächer große Schwierigkeiten haben, sich für einen Arbeitgeber zu entscheiden. Diverse Workshops haben ergeben, dass jene Entscheidungsdepressionen auch in vielen anderen Sachverhalten wie etwa bei Kaufentscheidungen existieren.

Es wurde in den Workshops insbesondere der Wunsch extrahiert, dass der Nutzer durch einen Prozess geführt und quasi *an die Hand genommen* wird. Basierend auf jenen Erkenntnissen wurde sodann ein Produkt entwickelt, das die gängigsten Entscheidungsfehler vermeidet und am Ende dem Nutzer eine Entscheidung möglich wird – und sich seine Entscheidungsdepression auflöst.

Die Anwendung von Design Thinking fand im Rahmen der Ideenfindung und Entwicklung des prooflers in einem sogenannten *DI-Lab* statt, wobei DI für *Digital Innovation* steht. Dabei handelt es sich um einen Kreativraum, der besagte Techniken u. a. dadurch unterstützt, dass die Handelnden z. B. an Stehtischen arbeiten anstatt zu sitzen – was eine Aktivierung der Teilnehmer zur Folge hat. Darüber hinaus enthält es die nötigen Tools, um einen Prototyp zu entwickeln, der wiederum mit potenziellen Kunden diskutiert werden kann.

Ferner half Design Thinking etwa dabei, die Komplexität einer Entscheidung zu reduzieren, indem nacheinander u. a. folgende Fragen in einem interdisziplinären Team diskutiert wurden:

- Wie genau läuft eine Entscheidung ab (Phasen)?
- Welches Wissen ist an welcher Stelle nötig?
- Welche Stakeholder sind involviert und welche Motivation haben sie jeweils?
- Welches sind die bekanntesten Entscheidungsfehler und wie lassen sie sich verhindern?

Entgegen der etwaig vorherrschenden Vermutung, dass ein DI-Lab randvoll mit digitalem Gerät ausgestattet ist, kann vielmehr das Gegenteil verkündet werden. Durch eine radikale Reduktion auf das Wesentliche werden die Akteure im positiven Sinn dazu gezwungen, sich auf die Kernfragestellung zu fokussieren. Die Abb. 2.3 zeigt das DI-Lab der Hochschule Fresenius in Hamburg.

Abb. 2.3 Das DI-Lab der Hochschule Fresenius in Hamburg

Abb. 2.4 Prozess von der Ideenentwicklung bis zum Launch eines Digitalprodukts

Bei der Ideenfindung sollte demnach versucht werden, ein Problem so konkret wie möglich zu beschreiben bzw. einen Bedarf explizit zu verstehen. Der Unterschied zu herkömmlichen Methoden besteht insbesondere darin, dass ein Angebot nicht deshalb entwickelt wird, weil es (technisch) machbar ist, sondern weil es sich Kunden auch tatsächlich wünschen.

Es wird zwingend empfohlen, potenzielle oder bestehende Kunden von Anfang an in die Entwicklung eines digitalen Produkts zu integrieren, um zu verhindern, dass das Angebot am Markt vorbei produziert wird. Dabei hat sich im Kern der nachfolgende Prozess bewährt, der sodann im Weiteren beschrieben wird (Abb. 2.4).

Wie später ausgeführt wird, gehen die einzelnen Schritte (ähnlich wie beim Design Thinking) ineinander über bzw. können ggf. auch wiederholt werden. Das übergeordnete Ziel hinter dem genannten Prozess ist, darauf soll hier abermals hingewiesen werden, dass Fehlentscheidungen im Rahmen einer digitalen Produktentwicklung vermieden werden, die zumeist mit hohen Kosten verbunden sind.

Bisweilen ist es etwa auch denkbar, dass aus einer Marktrecherche, die z. B. den Markt des Produkts „A" untersuchen soll, ein Bedarf abgeleitet wird, der sodann den genannten Prozess auslöst, um ein ganz anderes Produkt zu entwickeln. Wichtig ist, während des gesamten Prozesses stets den Kunden zu integrieren und nicht starr an etwaigen Thesen festzuhalten. Der Moment der Anpassung eines Geschäftsmodells wird als *Pivot* bezeichnet und soll im nächsten Kapitel entsprechend beleuchtet werden.

2.3 Ein Geschäftsmodell entwickeln

Nachdem nun erste Ideen gesammelt wurden kann damit begonnen werden, daraus ein Geschäftsmodell zu entwickeln. Dabei sollte nicht der Anspruch erhoben werden, dass der Ansatz, der dabei initial formuliert wird, auch tatsächlich der ist, der im Verlauf am Markt zur Anwendung gelangt. Vielmehr ist es wahrscheinlich, dass sich das Geschäftsmodell im Laufe der Zeit mehrmals ändert, was, wie bereits erwähnt, *Pivot* genannt wird.

Fälschlicherweise wird das Geschäftsmodell eines Unternehmens oftmals mit dem Erlösmodell verwechselt. Tatsächlich ist das Geschäftsmodell jedoch weitaus komplexer. Darunter wird die modellhafte Funktionsweise eines Unternehmens verstanden und es beschreibt, wie dessen Wertschöpfung in den Dimensionen *Ressourcen, Kunden* bzw. *Ertragsmechanismus* erfolgt (Vgl. Fueglistaller et al. 2016, S. 139).

Grundsätzlich werden Geschäftsmodelle im Rahmen eines Businessplans beschrieben. Da jedoch, wie mehrfach dargelegt, die Wahrscheinlichkeit sehr hoch ist, dass sich das Geschäftsmodell im Zuge der Entwicklung wiederholt ändert und das Umschreiben eines Businessplans zumeist recht mühsam ist, haben Osterwalder und Pigneur einen Ansatz entwickelt, den sie das *Business Model Canvas* nennen. Der Vorteil dabei ist, dass das Geschäftsmodell nur stichpunktartig skizziert wird und eine Anpassung ohne großen Aufwand erfolgen kann. Die Abb. 2.5 zeigt das Business Model Canvas (im Folgenden nur kurz BMC genannt) und wird sodann an einem konkreten Beispiel erläutert.

Bevor nun, wie angekündigt, die einzelnen neun Felder erläutert und am Beispiel des prooflers veranschaulicht werden, soll zunächst auf ein weiteres Framework

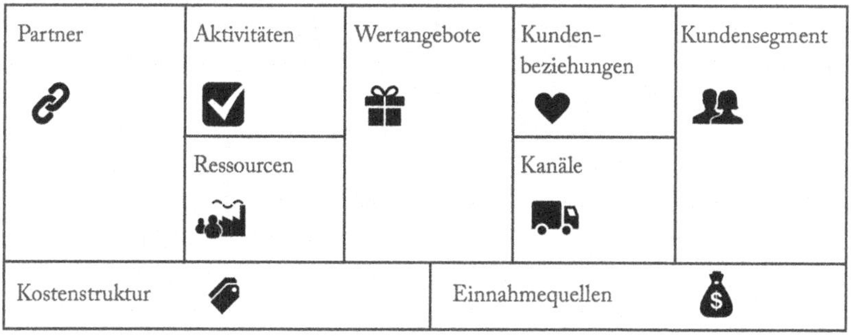

Abb. 2.5 Das Business Model Canvas. (Eigene Darstellung basierend auf Osterwalder u. Pigneur 2011, S. 22 f.)

hingewiesen werden, das im Rahmen der Geschäftsmodellentwicklung als nützlich erscheint. Dabei handelt es sich um ein Konzept, das von Gassmann et al. an der Universität St. Gallen entwickelt wurde. So haben sie darin untersucht, ob es möglich ist, die erfolgreichsten Geschäftsmodelle insofern miteinander zu vergleichen, als dass sie Gemeinsamkeiten enthalten die immer wieder funktionieren.

Gassmann et al. nennen das den *Business Modell Navigator* und beschreiben 55 Muster, die sodann immer wieder in erfolgreichen Geschäftsmodellen auftauchen. Exemplarisch soll hier das Muster *Flatrate* herausgegriffen werden. Jenes Muster dürfte entsprechend bekannt sein und bedeutet, dass ein Angebot zu einem Pauschalpreis unbegrenzt genutzt werden kann (Vgl. Gassmann et al. 2017, S. 162 ff.).

Der maßgebliche Mehrwert der Verwendung des Business Modell Navigators dürfte darin bestehen, das Rad nicht ständig neu zu erfinden. So fällt etwa auf, dass die erfolgreichsten Unternehmen gleich mehrere Muster in ihrem Geschäftsmodell verwenden. So wird demnach empfohlen, den Ansatz zu sichten, **bevor** mit der eigentlichen Geschäftsmodellentwicklung begonnen wird.

Wie die Abb. 2.6 zeigt, stellen auch Gassmann et al. den Kunden in den Mittelpunkt ihrer Überlegungen.

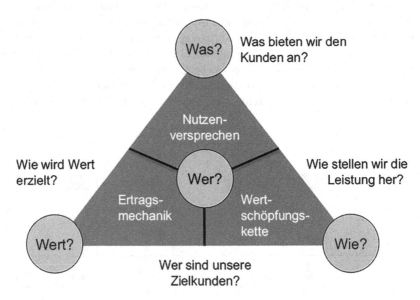

Abb. 2.6 Das magische Dreieck zur Beschreibung eines Geschäftsmodells. (Glassl u. Brandel 2018 in Anlehnung an Gassmann et al. 2017, S. 7)

2.4 Das Business Model Canvas am Beispiel des prooflers

Im Folgenden wird das zuvor erwähnte Konzept des Business Model Canvas am Beispiel der Online-Anwendung proofler beschrieben: (Osterwalder u. Pigneur 2011, S. 24 ff.).

1. **Wertangebot:** Beschreibt das Angebot, den Nutzen bzw. wie welches Problem gelöst wird. Im Fall des prooflers ist das Wertangebot eine Online-Anwendung zur wissensbasierten Entscheidungsfindung, welche dabei unterstützt, komplexe Dinge zu entscheiden.
2. **Kundensegmente:** Hier wird skizziert, an wen sich das Produkt richtet. Das Angebot des prooflers richtet sich zum einen im B2C-Bereich an einen Massenmarkt und zwar an medienaffine, junge Leute mit guter Bildung, die ihre Entscheidungen wohlüberlegt treffen. Im B2B-Segment richtet es sich an kleine und mittlere Unternehmen, besonders aus dem Dienstleitungsbereich.
3. **Kundenbeziehungen:** Beschreibt, wie Kunden gewonnen bzw. wie die Beziehungen zu ihnen auf- und ausgebaut werden. Der proofler wird insbesondere über die sozialen Medien wie etwa über Facebook und Instagram an die Zielgruppe kommuniziert. Ein Element der Kundenbindung ist zudem, dass man Freunde und Bekannte mit dem proofler dazu einladen kann, bei Entscheidungen als Experte zu fungieren.
4. **Kanäle:** Beschreibt, über welche Touchpoints die Kunden das Produkt beziehen können. Zum Beispiel wären das Online-Shops oder der Einzelhandel. Im Falle des prooflers handelt es sich um eine Online-Anwendung die sowohl über Desktoprechner als auch über mobile Devices direkt über die Webseite bezogen werden kann. In der mittelfristigen Perspektive wird es zudem eine native App geben, die dann über iTunes von Apple bzw. über den Play Store von Google zur Verfügung gestellt wird.
5. **Einnahmequellen:** Hier wird das Erlösmodell beschrieben sprich der Teil des Geschäftsmodells, mit dem man Geld verdient. Der proofler hat hier mehrere Quellen. Zum einen werden gemäß dem Muster 25 des Business Model Navigators *Leverage Customer Data* (Vgl. Gassmann et al. 2017, S. 206 ff.) Erkenntnisse aus den Metadaten der Entscheidungen, welche mit dem proofler getroffen werden, gewonnen, die sodann kostenpflichtig als Studien Unternehmen angeboten werden. Als Case möge man sich vorstellen, dass ab einer kritischen Masse von ca. 100 getroffenen Entscheidungen, die hinsichtlich des Nutzerprofils in etwa vergleichbar sind, Erkenntnisse sichtbar werden, die

über eine Marktforschung kaum zu erheben werden. Hierzu zählen z. B. die Kriterien und deren Gewichtung etwa beim Kauf eines Rucksacks o. ä. Jene Insights sind freilich nicht auf den einzelnen Nutzer zurückzuführen, wohl aber liefern sie im genannten Fall sehr hilfreiche Ansätze für einen Hersteller solcher Rucksäcke, um dessen Kommunikation zielführend zu gestalten. Im B2B-Bereich wird es beim proofler eine Version mit erweiterten Funktionen geben, die sodann das Muster 26 und zwar klassisch eine monatliche *Lizenzgebühr* (Vgl. ebd., S. 212 ff.) verwendet.

6. **Kostenstruktur:** Hier werden alle Kosten beschrieben die anfallen, damit das Geschäftsmodell funktioniert. Beim proofler sind dies in der Phase der Prototypproduktion insbesondere die Kosten der Softwareentwicklung und im Weiteren das Mediabudget für das Online-Marketing. Bei bereits erprobten Geschäftsmodellen sind hier insbesondere jene Kosten gemeint, die mit dem Ausbau des Geschäftsmodells zusammenhängen (siehe Schlüsselaktivitäten).

7. **Schlüsselressourcen:** Meint die Kernressourcen, die nötig sind, damit ein Geschäftsmodell funktioniert. Beispielsweise die Akkreditierung einer Hochschule, das Rezept von Nutella, oder aber, im Fall des prooflers, das Konzept sowie der Quellcode der Anwendung.

8. **Schlüsselpartner:** Beschreibt die wichtigsten Partner eines Unternehmers, die zum Gelingen des Geschäftsmodells beitragen. Beim proofler sind das der Investor, die kooperierende Softwareagentur sowie die Hochschule Fresenius, welche das Team mit curricularen Studienprojekten unterstützt.

9. **Schlüsselaktivitäten:** Beschreiben jene Dinge, die ein Unternehmen umsetzen muss, damit ein Geschäftsmodell funktioniert. Beim proofler ist dies derzeit die Optimierung und Vermarktung der Betaversion und sodann die Validierung des Geschäftsmodells. An den erfolgten Ausführungen kann der Leser ableiten, dass sich die Schlüsselaktivitäten insbesondere bei Start-ups häufig ändern. Bei Unternehmen mit validierten Geschäftsmodellen sind mit Schlüsselaktivitäten zumeist jene Handlungen gemeint, die nötig sind, um den nächsten Schritt der Unternehmensentwicklung zu vollziehen. Damit kann etwa die Ausweitung der Produktpalette oder aber eine Standorterweiterung gemeint sein (siehe Kostenstruktur).

▶   Die verwendete Abfolge der Elemente des BMC ist nicht gesetzt, eher hat sie sich so bewährt. Es wird empfohlen, sich das BMC in der Größe A0 auszudrucken, und die Einträge mit Post-its anzubringen. Dies hat den Vorteil, dass es dem Team stets präsent ist und Änderungen leicht vorzunehmen sind.

Marktrecherche 3

Nachdem nun initial entsprechende Thesen formuliert wurden, wie ein Geschäftsmodell funktionieren kann, sollte eine umfassende Marktrecherche erfolgen. Hintergrund ist, dass im Zuge der Produktentwicklung und im Weiteren im Rahmen der Produktvermarktung diverse Entscheidungen getroffen wurden müssen, die entsprechend mit relevanten Informationen belegt werden sollten.

Die nachstehenden Ausführungen basieren im Wesentlichen auf den Erkenntnissen des Autors, welche er im Zuge seines Promotionsprojekts gewinnen konnte. Er entwickelt darin ein fünfstufiges Modell namens *Start-up-Intelligence* (Vgl. Pioch 2016, S. 247 ff.), das nachfolgend vorgestellt wird. Jenes Modell wurde zwar im Kern für die Anwendung durch Start-ups entwickelt, eignet sich jedoch ebenso zur Verwendung durch KMUs.

3.1 Ziele einer Marktrecherche

Im Kern ist eine Marktrecherche vonnöten, um das Risiko von Fehlentscheidungen im Rahmen einer Produktentwicklung zu reduzieren. Nicht selten scheitern Start-ups oder bestehende Unternehmen daran, dass sie ihren Zielmarkt falsch einschätzen und sodann ein Angebot platzieren, das nicht wie gewünscht angenommen wird, oder aber kein erfolgreiches Geschäftsmodell ermöglicht. Neben einigen Unterzielen, auf die im Folgenden in Teilen eingegangen wird, hat eine initiale Marktrecherche folgende Ziele:

1. **Bestimmung der Art des Marktes:** Es existieren drei Arten von Märkten – *wachsend, stagnierend* und *schrumpfend.* Um die Erfolgsaussichten sachgemäß einschätzen zu können ist es vonnöten, die Art des Marktes zu kennen, in dem das zu entwickelnde Produkt platziert werden soll.

© Springer Fachmedien Wiesbaden GmbH, ein Teil von Springer Nature 2019
S. Pioch, *Digital Entrepreneurship,* essentials,
https://doi.org/10.1007/978-3-658-24068-4_3

2. **Bestimmung der Größe des Marktes:** Um das Potenzial des Produkts einschätzen zu können ist es wichtig, die Größe des Zielmarktes zu kennen. Die Größe wird bekanntermaßen in der Reihenfolge TAM (Total Available Market – Wer könnte rein theoretisch unser Produkt kaufen?), SAM (Serviceable Addressable Market – Welcher Teil des TAMs könnte realistischer Weise unser Produkt kaufen?) und SOM (Serviceable Obtainable Market – Welcher Teil das SAMs ist für das Geschäftsmodell am angemessensten?). Die Angabe des jeweiligen Teilmarktes erfolgt in der Währung des Landes, in dem das Produkt initial gelauncht wird.

3. **Definieren der Zielgruppe:** Wer ist Nutzer bzw. Käufer unseres Produkts? Hier gilt es ein *Persona* (beschreibt einen typischen Vertreter der eigenen Zielgruppe.) zu entwickeln, um sodann im Folgenden (im Zuge des Launch) die Zielgruppe richtig zu adressieren. Die Zielgruppe sollte sowohl quantitativ als auch qualitativ beschrieben werden.

4. **Betrachtung des Wettbewerbs:** Hier werden die wichtigsten direkten und indirekten Wettbewerber skizziert. Hintergrund ist hier zum einen abschätzen zu können, ob im avisierten Markt noch Platz für ein weiteres Angebot ist und zum anderen, um, basierend auf den beschafften Informationen über den Wettbewerb, eine adäquate Positionierungsstrategie (Alleinstellungsmerkmale) ableiten zu können.

Im Folgenden wird skizziert, wie eine Marktrecherche initial erfolgen sollte, um grobe Fehlentscheidungen zu vermeiden. Freilich bietet dieser Leitfaden nur Raum für einführende Gedanken, weshalb empfohlen wird, die einzelnen Schritte in der gängigen Literatur entsprechend vertiefend zu sichten. Darüber hinaus sind auch hier die Grenzen des Arbeitsschritts Marktrecherche in Unterscheidung zu den vorangestellten bzw. den folgenden Phasen (vgl. Abb. 2.4) als fließend zu verstehen. So wird im Verlauf des Leitfadens etwa auch an einem Beispiel dargelegt, wie selbst in der Phase der Markteinführung im Rahmen einer Online-Kampagne sachdienliche Informationen beschafft werden, die beispielsweise die Beschreibung der Zielgruppe noch detaillierter ermöglichen, bzw. bereits gewonnene Erkenntnisse verifizieren.

3.2   Phase I – die Marktrecherche planen

Vor dem Hintergrund, dass es sich bei einer Marktrecherche um ein komplexes Vorhaben handelt, das sich über mehrere Wochen, wenn nicht Monate hinzieht, wird dringend empfohlen, hierzu entsprechende Planungen vorzunehmen. Ferner ist davon auszugehen, dass mehrere Personen an der Recherche teilhaben, was wiederum dazu führt, dass eine permanente Wissenssynchronisierung indiziert ist. Schließlich ist eine Marktrecherche mit z. T. erheblichen Kosten verbunden, sodass auch dazu ein entsprechender Plan erstellt werden sollte.

Im Folgenden werden die Abbildungen der einzelnen Phasen des durch den Autor entwickelten Start-up-Intelligence-Modells kommentiert, die sodann direkt als eine Art Checkliste verwendet werden können. Zunächst sei darauf verwiesen, dass sich die einzelnen Phasen in folgende drei Ebenen unterteilen:

- Wissenssynchronisierung und Dokumentation (bleiben in allen Phasen gleich)
- Operative Handlungsschritte (ändern sich in jeder Phase)
- Netzwerkaufbau und Anpassen des Geschäftsmodells (entwickelt sich in jeder Phase weiter)

Wie bereits angedeutet geht es in Phase I zunächst darum, das Projekt der Marktrecherche aufzusetzen (Abb. 3.1). In der Handlungsebene Prozesse der *Kommunikation und d. Wissensmanagements* geht es darum, eine Wissenslandschaft zu installieren, die zum einen alle Beteiligten benutzen wollen und können. Häufig existieren hier konzeptionelle oder infrastrukturelle (online vs. offline) Präferenzen, die entsprechend diskutiert werden sollten.

Bewährt hat sich hier jedoch ein hybrider Mix aus analogen und digitalen Werkzeugen wie etwa zum einen der besagte A0-Ausdruck des BMC oder aber digitale Tools wie z. B. Dropbox, Slack, Trello oder Google Drive. Als Planungstool für die Vergabe, Kontrolle und Kommunikation der einzelnen operativen Handlungsschritte bzw. deren Zuständigkeiten empfiehlt sich nach Ansicht des Autors das Konzept der *workbreak-down-structure* oder zu Deutsch – eines Projektstrukturplans.

Hier wissen dann alle Involvierten, was sie bis wann wozu zu erledigen haben, und Projekttreffen folgen einer zielführenden Struktur. Die Handlungsebene enthält in dieser Phase insbesondere das Ausformulieren des BMC bzw. Ableiten

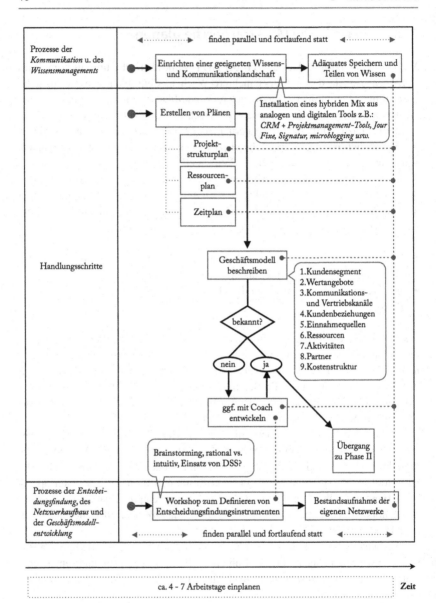

Abb. 3.1 Start-up-Intelligence – Phase I, Pläne und Strukturen erstellen. (Eig. Darstellung)

von Thesen in diesem Zusammenhang, die sodann durch zu beschaffende Informationen verifiziert bzw. falsifiziert werden. Da das Aufsetzen eines Geschäftsmodells eindeutig als neuralgischer Punkt im Rahmen der Entwicklung eines digitalen Produkts bezeichnet werden kann, wird hier empfohlen, einen externen Experten als Sparringspartner hinzuzuziehen. Häufig lassen sich im Dialog mit Dritten schneller und nachhaltiger die richtigen Schlüsse ziehen.

Schließlich folgt in der Handlungsebene *Prozesse der Entscheidungsfindung, des Netzwerkaufbaus und der Geschäftsmodellentwicklung* eine initiale Bestandsaufnahme des Netzwerks dahin gehend, als dass eruiert wird, welche potenziellen Kunden, Experten bzw. Branchenkenner bereits verfügbar wären, um im Rahmen der Marktrecherche sachdienlich unterstützen zu können.

Darüber hinaus sollten in einem Workshop alle Entscheidungen zusammengetragen werden, die im Rahmen bzw. nach erfolgter Marktrecherche zu treffen sind. Ferner kann hier über den Einsatz von Tools befunden werden, die jene Entscheidungen unterstützen (DSS → decision support system), exemplarisch kann hier der bereits vorgestellte proofler genannt werden. Vor dem Hintergrund, dass eine Reihe an z. T. überaus wichtigen Entscheidungen vom Team getroffen werden müssen wird dringend empfohlen, sich in die Grundlagen der wissensbasierten multikriteriellen Entscheidungsfindung einzuarbeiten (Siehe dazu u. a. Pioch 2016, S. 40 ff.).

3.3   Phase II – Positionierung und Informationsbedarf

Wie bereits dargelegt handelt es sich bei einer Marktrecherche um ein komplexes Vorhaben, das bisweilen mit erheblichen Kosten verbunden sein kann. So sind etwa fünfstellige Aufwendungen für die Beauftragung bekannter Institute wie z. B. TNS Infratest keine Seltenheit. Um nun jene Ausgaben in einem überschaubaren Rahmen zu halten wird empfohlen, bereits in dieser Phase einen initialen *Positionierungsworkshop* vorzunehmen. Dabei handelt es sich um ein Konzept, das zurückgeführt werden kann auf Ries und Trout und dessen übergeordnetes Ziel es ist, sich seines unternehmerischen Selbst bzw. des Marktumfeldes bewusst zu werden, um sodann eine schlüssige Kommunikation daraus abzuleiten (Vgl. Pioch 2016, S. 255 ff.). Das Team sollte herausarbeiten, an wen sich das Angebot richtet, wie es dort wahrgenommen werden bzw. mit welchen Werten und in welchem Duktus es assoziiert werden soll. Der Hintergrund jener Überlegung ist – je klarer die Vorstellung davon ist, wie man von wem wahrgenommen werden will, desto einfacher ist es, treffgenau mit eben jener Zielgruppe in einen einführenden Dialog zu treten. Im Folgenden gilt es dann, gemäß der Abb. 3.2 den Informationsbedarf abzuleiten.

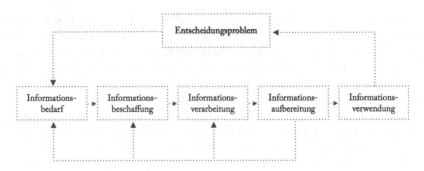

Abb. 3.2 Informationsbeschaffungsprozess um ein Entscheidungsproblem zu lösen. (Eigene Darstellung nach Jung 2010, S. 594)

Hierzu können etwa folgende Fragestellungen zu Entscheidung gebracht werden: Soll aus der Produktzentwicklung ggf. eine Gründung erfolgen? Diese Frage impliziert etwa eine umfängliche Marktrecherche nach Marktvolumen, Kundenbedürfnissen, existierenden Wettbewerbern und dergleichen mehr. Welche Kunden sollen angesprochen werden? Hier steht z. B. die Frage im Raum, ob sich das Team in einem B2B-, einem B2C-Segment aufhält oder gar beides fokussiert. Wie sollen jene Kunden angesprochen werden? Diese Frage zielt darauf ab, welche Kommunikationsstrategien das Team verfolgt. Was kann unser Produkt und welche grundlegenden Merkmale soll es haben? Es dürfte kaum möglich oder gar sinnhaft sein, zu Beginn ein komplett ausgereiftes Produkt an den Markt zu bringen.

Ferner: Welches Preis-/Erlösmodell soll umgesetzt werden? Hier besteht eine überaus enge Verbindung zum Geschäftsmodell, woraus auch die hier vehement empfohlene ständige Anpassung jenes Modells nach erfolgten Entscheidungen stattfinden sollte. Schließlich wird empfohlen, in dieser Phase ein Set aus Suchbegriffen und Keywords zu erstellen, welche das zu produzierende Angebot inhaltlich beschreibt bzw. zu antizipieren, wonach potenzielle Nutzer bei diesem Angebot googeln würden (Vgl. Pioch 2016, S. 257 ff.). Hintergrund ist hier ein weiteres Synchronisieren des Teams und die Vorbereitung einer etwaig später erfolgenden Google Ads-Kampagne. Die Abb. 3.3 fasst die Phase II zusammen.

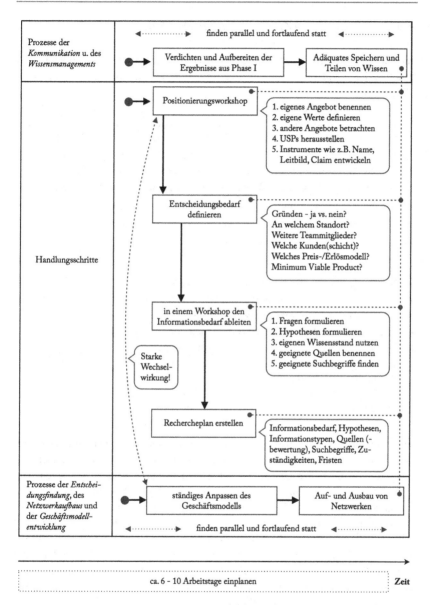

Abb. 3.3   Start-up-Intelligence – Phase II, Bedarfe definieren. (Eig. Darstellung)

3.4   Phase III – Informationsbeschaffung

Nachdem nun klar ist, welche Informationen das Team für welche Entscheidungen benötigt, kann mit der eigentlichen Informationsbeschaffung begonnen werden (Abb. 3.4).

In einem ersten Schritt sollte versucht werden, sich ein allgemeines Überblickswissen zu verschaffen. Hier wird etwa empfohlen, die zuvor erarbeiteten Suchbegriffe in diversen Quellen zu recherchieren. So sollten u. a. Vergleichsangebote aufgedeckt, relevante Monografien bzw. Institutionen gefunden werden, welche für eine tiefergreifende Recherche geeignet scheinen.

Es wird empfohlen, u. a. folgende Quellen zu nutzen, um sich einen entsprechenden Marktüberblick zu verschaffen:

- Sichtung von Webseiten vergleichbarer Angebote durch Recherche nach erarbeiteten Suchbegriffen, URLs, Namen von bekannten Wettbewerbern, Produkten usw.
- Testen von Produkten/Angeboten von Wettbewerbern.
- Sichten von Rezensionen und Produktvideos über Vergleichsprodukte etwa in Blogs, Foren oder in sozialen Netzwerken.
- Beschaffen von Preisen und Erlösmodellen von Wettbewerbern.
- Sichtung von Webseiten der branchennahen Verbände.
- Recherche nach Monografien und Dissertationen über die Branche in OPACs (Bibliothekskatalogen), bei Amazon oder Google Books.
- Diskussion der gefundenen Ergebnisse im Team und ggf. Anpassen der Suchbegriffe.

Es sollte nun ein erster grober Überblick hinsichtlich der Branche und der darin vertretenen größten Wettbewerber, deren Produkte und Preise bzw. hinsichtlich einer rudimentären Einschätzung jener Angebote durch Kunden vorliegen. Die vertiefende Recherche in Sekundärquellen (Desk-Research) sollte nun wie folgt vonstattengehen: Recherche nach einschlägigen Marktstudien und Zielgruppendaten zunächst in kostenfreien Quellen wie z. B. *best for planning,* statistischen Ämtern, Kammern und Verbänden. Anschließende Suche in kostenpflichtigen Portalen, wie etwa Factiva, eMarketer, Statista, der GfK, von marktstudie.de oder Gartner. Es wird vorgeschlagen, hier bei Verbänden (telefonisch) nachzufragen, ob ggf. Studien empfohlen werden können. Ergänzend sollten Branchenreports etwa von Banken bzw. von der Feri AG beschafft werden. Ferner sollten wissenschaftliche Artikel, welche die Branche, die Technologie bzw. den Markt untersuchen, z. B. via Google Scholar recherchiert werden.

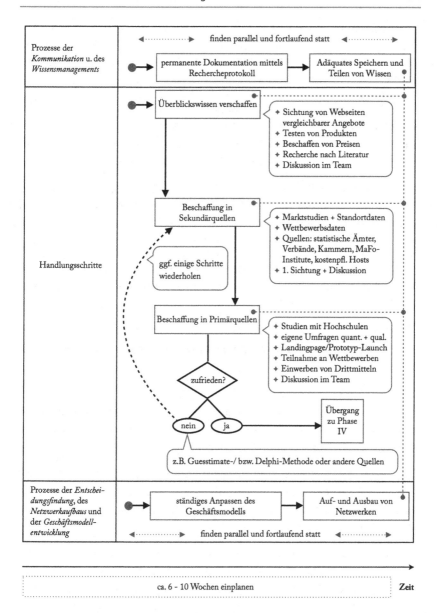

Abb. 3.4 Start-up-Intelligence – Phase III, Beschaffung. (Eig. Darstellung)

Im Anschluss erfolgt die Beschaffung von Informationen über Wettbewerber etwa durch Sichtung von Geschäftsberichten bzw. Firmenprofilen, wie sie u. a. Anbieter wie *Hoppenstedt, Bürgel* oder der *Bundesanzeiger* auf dem Host *Genios* veröffentlichen.

Nachdem nun erste grundsätzliche Informationen vorliegen, kann nachvollzogen werden, inwieweit eine sodann zu erfolgende Primärforschung nötig ist. Grundsätzlich können nun auch eigene Umfragen angestrengt und geeignete Branchenexperten in teilstrukturierten Interviews befragt werden (Vgl. ebd. S. 278 ff.). Zur Primärforschung zählen auch die unter 3.1. angesprochenen Erkenntnisse, die aus initialen Online-Kampagnen erwachsen bzw. jene Insights, die das Testen des Prototyps hervorbringt, worauf in Abschn. 5.2.1 eingegangen wird.

Es sollten nunmehr vertiefende Kenntnisse bzgl. des zuvor definierten Informationsbedarfs vorliegen. Bei besonders schwierigen Recherchesituationen (es sind z. B. keine Marktzahlen wegen eines hohen Innovationsgrades zu beschaffen) wird auf Techniken wie etwa die *Guesstimate-Methode* (hergeleitetes Schätzverfahren) verwiesen. Es kann u. U. ferner angezeigt sein, Teile des beschriebenen Rechercheprozesses (Beschaffung in sekundären und/oder primären Quellen) zu wiederholen.

3.5   Phase IV – Auswertung der Marktinformationen

In Phase III wurden nun diverse Dokumente beschafft, Interviews durchgeführt bzw. Vergleichsprodukte getestet. Jene Dokumente gilt es nunmehr zu sichten und auszuwerten. Erfahrungsgemäß besteht hier eine der größten Herausforderungen darin, die beschafften Dokumente hinsichtlich ihrer Relevanz und ihrer Kernaussagen zu bewerten. Daher wird empfohlen, sich einführend mit Schnelllesetechniken zu beschäftigen. Der größte „Tempokiller" ist dabei, dass das menschliche Auge für gewöhnlich von Wort zu Wort springt, wodurch zumeist eine hohe Lesezeit benötigt wird und eine hohe Wahrscheinlichkeit besteht, während des Lesens durch externe Einflüsse abgelenkt zu werden, was zusätzlich aufhält. Dem lässt sich leicht mit Schnelllesetechniken begegnen, indem man etwa die Augen mittels eines Stiftes führt, der unterhalb des Textes entlanggezogen wird, wie die Abb. 3.5 zeigt.

Neben dem Extrahieren von Kernaussagen ergibt sich häufig die Herausforderung, dass widersprüchliche Aussagen beschafft wurden. So ist etwa denkbar, dass einige Experten oder Kunden zu der Auffassung gelangt sind, dass sehr wohl hohe Marktchancen für das zu entwickelnde Produkt bestehen, andere kommen zu einem völlig gegenteiligen Ergebnis. Hier wird empfohlen, sich einmal

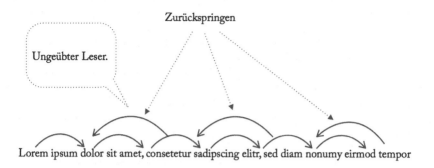

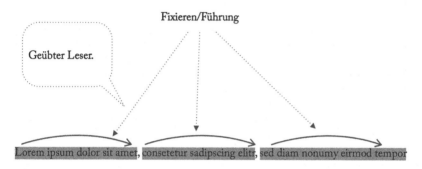

Abb. 3.5 Geübtes und ungeübtes Lesen. (Eigene Darstellung in Anlehnung an Buzan 1999, S. 45)

in die *4 × 4-Methode der Polizei* einzulesen, die sich ja auch häufig widersprüchlichen Aussagen gegenübersieht. Am Abschluss der Phase IV wird dem Team empfohlen, bevor die gewonnenen Erkenntnisse in der letzten Phase aufbereitet werden, drei, vier Werktage vergehen zu lassen, um die gewonnenen Eindrücke in Ruhe zu reflektieren. Viele Gesamtbilder entstehen erst nach und nach. Um eine wirklich umfassende Rundumsicht erzeugen zu können, empfiehlt es sich hier die sogenannten *De-Bono-Denkhüte* zu benutzen. Kern dieser Übung ist es, dass die Teammitglieder einmal unterschiedliche Perspektiven einnehmen, um über ihr Projekt zu befinden. Mal nehmen sie eine optimistische, mal eine eher pessimistische, dann wieder eine dynamische bzw. neutrale Sichtweise ein (Vgl. Pioch 2016, S. 113). Der Erkenntnisgewinn wird nun ungleich höher sein, da Argumente aus diversen Richtungen verwendet werden. Schließlich können alle geplanten Entscheidungen getroffen werden, womit die Phase IV endet (Abb. 3.6).

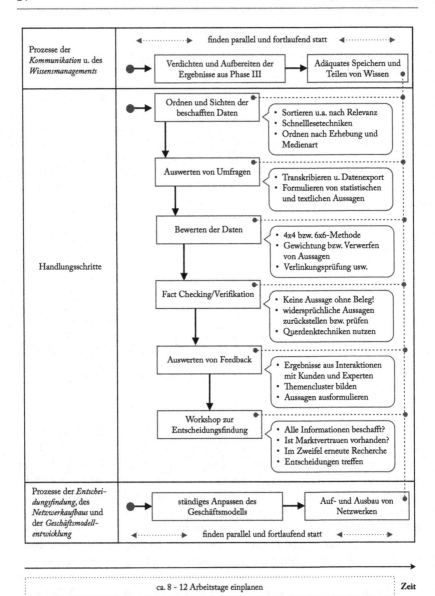

Abb. 3.6 Start-up-Intelligence – Phase IV, Auswertung und Entscheidungen. (Eig. Darstellung)

3.6   Phase V – Aufbereitung und fortlaufende Beobachtung

Nach Beendigung von Phase IV sollten nunmehr die notwendigen Informationen beschafft, ausgewertet und bewertet, die zuvor definierten Entscheidungen getroffen sein. Es soll darauf verwiesen werden, dass jene Entscheidungen nicht als endgültig zu verstehen sind, vielmehr scheinen sie zunächst für die Produktentwicklungsphase elementar zu sein. Unternehmen werden immer wieder Entscheidungen treffen müssen, was etwa auch das Revidieren bzw. Anpassen vergangener Entschlüsse notwendig machen kann. In Phase V der Marktrecherche soll es nunmehr zum einen darum gehen, die beschafften Informationen für verschiedene Zwecke aufzubereiten und zum anderen ein Konzept aufzuzeigen, wie im Anschluss an eine initial erfolgte Marktrecherche Maßnahmen umgesetzt werden können, um fortlaufend relevante Informationen zu

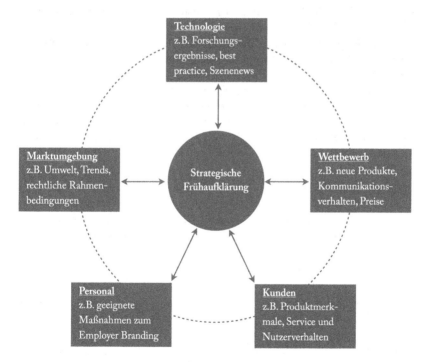

Abb. 3.7 Untersuchungsbereiche der strategischen Frühaufklärung. (Eigene Darstellung nach Rohrbeck. U. Gemünden 2006, S. 8.)

beschaffen, welche wiederum im Tagesgeschäft dabei helfen, Entscheidungen zu verbessern.

Ein Konzept, das sich an die initiale Marktrecherche anschließen sollte, ist das der *strategischen Frühaufklärung*. Als Bild zum einfachen Verständnis möge sich der Leser ein Daumenkino vorstellen. Die erste Seite zeigt einen Ball, vergleichbar mit der nunmehr abgeschlossenen initialen Marktrecherche. Um aber Prognosen für die Zukunft treffen und Trends ableiten zu können, muss der Markt permanent beobachtet werden damit man erkennt ob, um im Bild des Daumenkinos zu bleiben, der Ball zukünftig nach oben oder nach unten wandert. Daher wird empfohlen, eine *dauerhafte Beobachtungslandschaft* einzurichten, die sodann Erkenntnisse liefert, wie sie die Abb. 3.7 aufzeigt.

Hierzu eignen sich Instrumente wie das Abonnieren von Newslettern, Einrichten von RSS-Feeds und Google Alerts, regelmäßige Kundenevents sowie das Besuchen relevanter Branchenveranstaltungen.

Ebenfalls am Ende der Phase V steht nunmehr das Aufbereiten der beschafften Informationen an (Abb. 3.8). Je nach Art und Entwicklung des Unternehmens handelt es sich bei jenen Instrumenten etwa um Businesspläne, Pitchdecks, Pressmitteilungen oder Anträge für Drittmittel. Die jeweiligen Adressaten und Kommunikationsziele variieren entsprechend, so auch die Aufbereitung und Tiefe der Informationen.

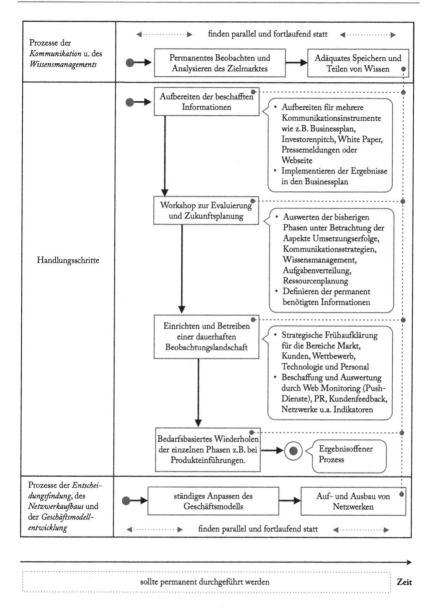

Abb. 3.8 Start-up-Intelligence – Phase V, Aufbereitung und fortlaufende Beobachtung. (Eig. Darstellung)

Entwickeln eines Prototyps

4

Das nun folgende Kapitel widmet sich der Fragestellung, wie ein digitaler Proto-typ entsteht, welche Phasen er durchläuft und welche Vorteile jenes Vorgehen bietet. Die Produktion eines digitalen Produkts, sei es eine App, eine Online-An-wendung, oder auch nur eine einfache Webseite, ist in den meisten Fällen mit beachtlichen Kosten verbunden. Um das Risiko einer Fehlproduktion zu redu-zieren ist es indiziert, dass zunächst einige Zwischenschritte erfolgen, bevor das eigentliche Produkt hergestellt wird. Die Abb. 4.1 bildet den Prozess ab, in dem das Produkt entwickelt wird, die einzelnen Begriffe, werden sodann im Folgen-den am Beispiel des prooflers erläutert.

4.1 Wireframe

Bei einem Wireframe handelt es sich um eine rudimentäre Skizze der zu pro-duzierenden Online-Anwendung (Vgl. Dark Horse Innovation 2016, S. 226 f.). Es kann einfach mit einem Bleistift angefertigt werden und veranschaulicht die grobe Aufteilung sowie die Struktur der verschiedenen Screens der Anwendung. Der Grund, warum solche Vorstufen vor der eigentlichen Programmierung statt-finden, ist, dass viele Menschen in einen derartigen Prozess involviert sind. Da sind zum einen die *Product owner,* die die Idee initial entwickelt haben und maß-geblich vorantreiben, die (UX-)Designer, welche das Layout gestalten, dann die Programmierer, die das Tool entwickeln und schließlich die Anwender, für es letztlich produziert wird.

Alle sprechen zumeist eine andere *Sprache* bzw. haben unterschiedliche Vor-stellungen davon, was mit den mündlichen bzw. schriftlichen Ausführungen des jeweils anderen gemeint ist. Klassischerweise werden sogenannte *Lastenhefte* für eine Softwareproduktion erstellt, eine Art Business- bzw. Bauplan für die digitale

© Springer Fachmedien Wiesbaden GmbH, ein Teil von Springer Nature 2019
S. Pioch, *Digital Entrepreneurship*, essentials,
https://doi.org/10.1007/978-3-658-24068-4_4

Abb. 4.1 Von der Idee zum fertigen Produkt. (Eigene Darstellung)

Anwendung. Der größte Schwachpunkt dabei ist wie angedeutet die Sprache, da sie unterschiedlich interpretiert werden kann.

Zu ähnlichen Herausforderungen kam es auch bereits bei der Filmproduktion, da auch ein Drehbuch auf sprachlichen Ausführungen basiert und ebenso vielfältig interpretiert werden kann. Da es sich sowohl bei einem Film als auch bei einer Online-Anwendung um ein visuelles Medium handelt, bietet es sich an, auch in der Planung entsprechend visuell zu kommunizieren. Ein *Wireframe* ist schnell erstellt und bietet eine wesentlich geeignetere Kommunikationsgrundlage als ein Text. Das finale Wireframe entsteht in einem Prozess, der auch *Scribbeln* genannt wird. Wie der Name vermuten lässt werden verschiedene Skizzen der einzelnen Screens im Team angefertigt und dann solange diskutiert, bis Konsens für eine Version gefunden wurde. Für diese Arbeitet bietet sich übrigens erneut das DI-Lab an (vgl. Abschn. 2.2).

Man erklärt den anderen Teammitgliedern was sich hinter einem Button oder einem Eingabefeld verbirgt bzw. fragt nach, wenn etwas unklar ist. Die Abb. 4.2, 4.3 zeigen exemplarisch die Wireframes des prooflers. Hier wurden Vorlagen der Firma *UI Stencils* verwendet. Jene Templates bieten den Vorteil, dass die Browser-Screens den realen Seiten-Verhältnissen sowohl von Desktop- als auch von mobile-Geräten entsprechen. Ferner bietet UI Stencils diverse Schablonen an, welche die gängigsten Symbole der Online-Welt enthalten und das Scribbeln stark beschleunigen.

Bei der Entwicklung des prooflers wurde der sogenannte *mobile-first-Ansatz* verfolgt. Das bedeutet, dass zunächst die Screens der mobilen Version der Anwendung entwickelt wurden. Hintergrund jener Entscheidung war die Annahme, dass die User vornehmlich mit mobilen Geräten die Anwendung nutzen werden. Ferner bietet dieses Vorgehen den Vorteil, dass im weiteren Verlauf der Entwicklung, wenn dann die Desktop-Variante ansteht, mehr Gestaltungsplatz zur Verfügung steht. Zumeist ist es einfacher, eine Fläche auszufüllen als Elemente zu entfernen, weil es sich zu reduzieren gilt. Nachdem das Wireframe fertiggestellt wurde folgt nunmehr die nächste Stufe – das Mock-up.

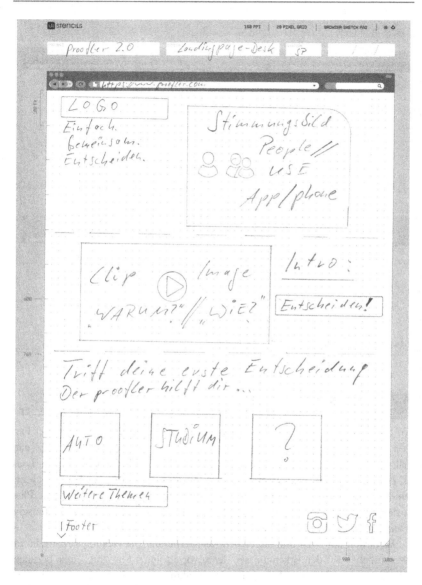

Abb. 4.2 Wireframe Beispiel 1, proofler Desktop

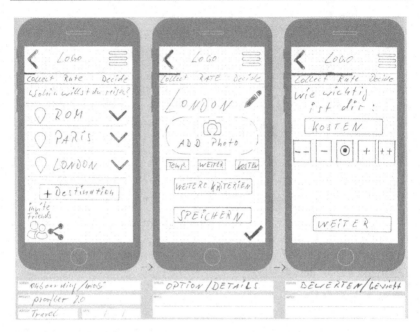

Abb. 4.3 Wireframe Beispiel 2, proofler mobile-screens

4.2 Mock-ups

Während ein Wireframe nur eine rudimentäre Skizze darstellt und keinerlei Farben enthält, geht ein sogenanntes *Mock-up* schon einen Schritt weiter. Es enthält bereits konkrete Design-Elemente und gibt Auskunft darüber, wie das *Look & Feel* der späteren Anwendung aussieht. Technisch gesehen handelt es sich bei einem Mock-up jedoch lediglich um eine Bilddatei, welche etwa mit Adobe Photoshop oder InDesign erstellt wird. Es enthält somit noch keinerlei technische Funktionen, die programmiert wurden.

Es basiert auf einer umfangreichen Recherche und Entwicklungsarbeit, die im Wesentlichen auf den Erkenntnissen der zuvor erfolgten Marktrecherche beruhen. So entstammen Farbwelt, Bildsprache und Duktus einer exakten Analyse der Zielgruppe zum einen bzw. der bereits bestehenden Vergleichsangebote zum anderen. Darüber hinaus fließen die Ergebnisse des in Phase zwei der Marktrecherche erfolgten Positionierungsworkshops mit in die Entwicklung ein (vgl. Abschn. 3.3). Die Abb. 4.4 zeigt das Mock-up der Landingpage (Desktopversion) des prooflers.

Abb. 4.4 Beispiel für ein Mock-up. (Quelle: Vedaserve GmbH)

Als möglichen Zwischenschritt kann zur Vorbereitung des Mock-ups ein sogenanntes *Moodboard* entwickelt werden. Dabei handelt es sich um eine Art digitales Poster, das eine Auswahl an Fotos, Farbausschnitten, Grafiken oder Textbausteinen enthält, um den Designern ein Gefühl davon zu vermitteln, in welche Stimmung der User bei der Anwendung des digitalen Produkts versetzt werden soll, bzw. in welcher er sich vermutlich befindet. Es spiegelt somit etwa den „Sound" der Anwendung wider, der erzeugt werden soll. Jener Zwischenschritt wird oftmals bei der Produktion von Webseiten verwendet, da es insbesondere dabei hilft, die Emotionalität eines Angebots zu untermauern.

Darüber hinaus hilft das Moodboard auch dabei, die Gedanken und Vorstellungen der Product owner zu strukturieren und erneut den Prozess der Kommunikation weg von einem sprachlichen hin zu einem bildlichen Dialog zu verlagern. Die Abb. 4.5 liefert ein Beispiel für ein Moodboard.

Abb. 4.5 Beispiel für ein Moodboard. (Quelle: Schaller Werbeagentur GmbH, entnommen aus http://der-shopstart.de)

4.3   Nutzerführung und Affordance

Neben dem Design (Layout) geht es bei der Entwicklung der verschiedenen Screens jedoch auch um ein weiteres Thema – die *Nutzerführung*. Unter dem Begriff *user interface* (UI) wird gemeinhin der gesamte Kosmos verstanden, in dem ein Nutzer mit einer Online-Anwendung interagiert (Vgl. https://search-microservices.techtarget.com/definition/user-interface-UI). Das übergeordnete Ziel einer sinnvollen Nutzerführung ist, dass der Anwender eine positive Erfahrung macht und das entsprechende Tool gern verwendet – was auch als die *user experience* (UX) bezeichnet wird. In Abschn. 4.5 dieses Leitfadens wird insofern erneut darauf zurückgekommen, wenn es darum geht, eben jene UX zu messen und daraufhin die Anwendung entsprechend zu verbessern.

Hier soll zunächst ein Gefühl dafür vermittelt werden, wie eine möglichst positive Nutzererfahrung erzeugt werden kann, um sodann auch eine hohe Anzahl von Anwendern zu generieren. Im Kern geht es bei der Erzeugung einer entsprechend guten UX darum, dass die Anwendung über eine hohe *Affordance* verfügt.

Holzer führt aus, dass es bei dem Begriff Affordance darum geht, einen sofort wahrnehmbaren Angebotscharakter von verschiedensten Objekten in unserer Umwelt zu beschreiben (Vgl. Holzer 2018, http://www.medien.ifi.lmu.de/fileadmin/mimuc/mmi_ws0506/essays/uebung2-holzer.html). Im Bereich des UI Designs sei Affordance am einfachsten als die Fähigkeit eines Objekts zu verstehen, sich selbst zu erklären. So bedeute zum Beispiel eine hohe Affordance eines digitalen Interaktionselements im Idealfall, dass der Benutzer sofort versteht, wie er ein Element zu benutzen hat und welche Auswirkungen die Benutzung für ihn haben wird (Vgl. ebd.). Wie kann nun eben jene Affordance erzeugt werden? Holzer bezieht sich auf Norman der folgende vier Prinzipien entwickelt hat, um eine Möglichst hohe Affordance zu erzeugen (Vgl. ebd.):

1. **Geltende Konventionen beachten.** So haben Nutzer inzwischen verschiedene Konventionen gelernt, die sie von anderen Webanwendungen her kennen. Hier kann etwa ein nach links gerichteter Pfeil angeführt werden, der zumeist als „Zurück-Button" bekannt ist.
2. **Richtige Beschriftungen und Icons verwenden.** Hier können als Beispiele die „ziehen" bzw. „drücken" Schilder von Türen erwähnt werden. Auch hier ist jeweils eindeutig, welche Funktion gemeint ist.

Abb. 4.6 Beispiel für einen mobile-Screenflow in Axure

3. **Einsatz von Metaphern.** Hier dürfte wohl der Vergleich des Papierkorbes aus dem Büro als Klassiker gelten. Wichtig beim Einsatz von Metapher ist es sicherzustellen, dass diese vom Nutzer auch verstanden werden.
4. **Kontinuität sicherstellen.** Vergleichbare Interaktionselemente sollten in der gesamten Anwendung ähnlich angelegt sein. Der User wird, wenn er etwa ein Steuerungselement wiedererkennt, auch dieselbe Funktion erwarten.

Im Falle des prooflers wurden die mobilen Screens mit dem Tool *Axure* entwickelt und u. a. die Affordance bereits mit potenziellen Nutzern getestet, als es noch gar keinen Prototyp gab. Axure bietet den Vorteil, dass damit sämtliche Schritte vom Wireframe über Mock-ups bis hin zum *Click-Dummy* umgesetzt werden können. Bei einem Click-Dummy handelt es sich um einen optionalen Zwischenschritt zwischen Mock-up und Prototyp. Auch hier existiert noch kein Code, sondern die Anwendung (z. B. Axure) simuliert einzelne Funktionen. Insbesondere bei komplexeren Anwendungen kann der Einsatz eines Click-Dummy sinnvoll sein, um ein weiteres Mal das Risiko einer Fehlprogrammierung zu minimieren. Die Abb. 4.6 zeigt den mobile-Screenflow des prooflers.

4.4   Das MVP – ein Prototyp

Im nun folgenden Kapitel wird kurz skizziert, inwiefern ein Prototyp dabei helfen kann, ein digitales Produkt erfolgreich am Markt zu etablieren. Als gängiges Tool wird dabei ein sogenanntes *minimum viable product* (MVP) verwendet. Während Ries davon spricht, dass ein MVP dem Entrepreneur dabei hilft, einen Lernprozess

so schnell wie möglich zu beginnen (Vgl. Ries 2011, S. 91 f.) findet sich in der
CIO folgende Definition:

▶ Das MVP ist die erste Ausführung der langfristigen Produktversion, bei der
zunächst nur ein sehr begrenzter Funktionsumfang umgesetzt wird (CIO 2018, S. 1).

Das MVP ist ein Teil von Ries' Lean-Startup-Konzept, auf das im Abschn. 5.1
noch genauer eingegangen wird. Hier gilt es zunächst zu verstehen, warum es so
wichtig ist, zunächst einen sehr schlanken Prototyp zu launchen, als mit einem
(vermeintlich) perfekten Produkt an den Start zu gehen. Erneut geht es einerseits
darum, dadurch das Risiko einer Fehlprogrammierung, die an den Bedürfnissen
der Kunden vorbeigeht, zu vermeiden. Im Rahmen einer Produktentwicklung
fallen den Gründerinnen und Gründern zumeist sehr viele Features ein, die das
finale Produkt doch besitzen sollte. Jene Features zu entwickeln ist jedoch sehr
aufwendig und zumeist mit hohen Kosten verbunden. Um jedoch initial zunächst
in Erfahrung zu bringen, welcher Nutzen für die Kunden am höchsten bzw. wert-
vollsten ist wird empfohlen, zunächst nur mit einem Produkt an den Markt zu
gehen, das mit minimalen Funktionen auskommt. Als Anhaltspunkt kann hier
das im Business Model Canvas beschriebene Werteversprechen Orientierung bieten. So wäre das MVP eines Fahrzeugs nicht etwa eine Achse mit vier Rädern,
sondern ein Skateboard. Die Achse mit vier Rädern erfüllt das Werteverprechen
eines Fahrzeugs nicht, wohingegen ein Skateboard bereits sehr wohl als Fort-
bewegungsmittel dienen kann. Dieser Ansatz ist nun freilich nicht völlig neu. So
sind etwa aus dem Hausbau sogenannte Musterhäuser bekannt, die aus Pappe
statt aus Steinen bestehen und den potenziellen Bewohnern ein entsprechendes
Raumgefühl vermitteln sollen. Dies gelänge durch einen reinen Bauplan bzw. ein
kleines Modell, das man nicht betreten kann, nicht. Beim proofler sind zukünftig
viele Features geplant, so etwa Funktionen, die der künstlichen Intelligenz ent-
springen, und den Nutzern direkt Vorschläge zu ihren aktuellen Entscheidungen
liefern sollen. Um jedoch das Geschäftsmodell des prooflers zu validieren ist es
völlig ausreichend, die Basisversion zu testen, nämlich eine Version, die ausschließlich den Prozess der Entscheidungsfindung „per Hand" unterstützt. Die
Abb. 4.7, 4.8 zeigen sowohl die Screens der mobilen wie auch der Desktop-
Version des proofler-MVP.
   Zusammenfassend kann entsprechend dargestellt werden, dass das inkrementelle Vorgehen vom initialen Scibbeln, über das Entwickeln eines Wireframe und sodann eines Mock-ups bis hin zu einem etwaigen Click-Dummy bzw.
schließlich dem MVP sehr gut geeignet ist, um schnell zu lernen, die eigenen
Vorstellungen mit denen der Kunden abzugleichen, um sodann das Risiko einer

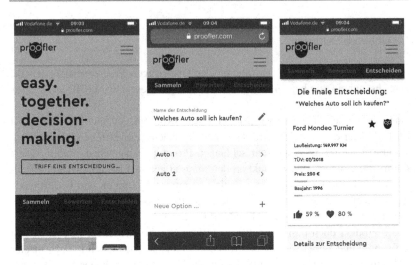

Abb. 4.7 Beispiele von mobile-Screens der fertigen Online-Anwendung. (Quelle Veda-serve GmbH)

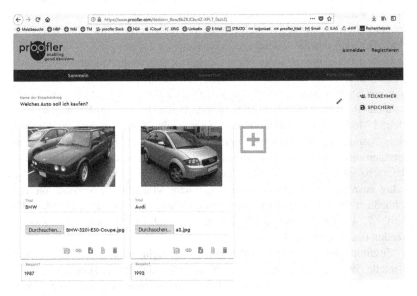

Abb. 4.8 Beispiel Desktop-Screen der fertigen Online-Anwendung. (Quelle: Vedaserve GmbH)

Fehlprogrammierung zu vermeiden. Ergänzend zu Axure können hier die Tools *Sketch, balsamiq* und *InVision* empfohlen werden.

Es sollte jedoch nicht außer Acht gelassen werden, im Rahmen der Produktanpassung auch stets das aktuelle Geschäftsmodell im Auge zu behalten (Pivot nötig?). Jede Änderung am Produkt kann zur Folge haben, dass sich auch das Geschäftsmodell ändert. So ist etwa das Team um die Wissens-management-Software *keeeb* initial davon ausgegangen, dass insbesondere B2C-User einen großen Nutzen durch die Anwendung des Tools erfahren. Tatsächlich haben jedoch diverse Tests des Prototyps ergeben, dass es vielmehr B2B-Kunden einen großen Mehrwert für den Einsatz von keeeb erkennen und entsprechend auch bereit sind, dafür zu zahlen. Mithin erfolgte sodann ein umfangreicher Pivot.

Die Grenzen zwischen grundsätzlicher Bereitschaft, eine Anwendung zu nutzen, und etwaigen Barrieren, die eine solche Nutzung aus UX-Aspekten verhindern, sind bisweilen fließend. Wie bereits mehrfach ausgeführt ist die gesprochene oder geschriebene Sprache mitunter nur unzureichend geeignet, um entweder den Nutzen eines Angebots zu kommunizieren, und/oder aber Mängel aufzuzeigen, die Nutzer sodann in jenem Angebot sehen. Das nachfolgende Kapitel widmet sich nunmehr konkreten UX-Tests und wie diese dazu beitragen können, den Transfer vom MVP zum fertigen Produkt zu unterstützen.

4.5 UX-Tests

Die nachfolgenden Ausführungen erheben, mit Verweis auf den begrenzten Umfang dieses Leitfadens, erneut keinen Anspruch auf Vollständigkeit, vielmehr wollen sie kurz in das Thema UX-Tests einführen und gleichsam einige Erfahrungen schildern, die im Rahmen der proofler-UX-Tests gesammelt wurden.

Wie bereits angedeutet helfen UX-Test dabei, die entwickelten Prototypen (oder aber bereits in den Phasen zuvor) an die Bedürfnisse der Zielgruppe anzupassen und etwaige Bugs innerhalb der Nutzerführung zu beheben. Hierzu eignet sich der nachfolgende Prozess, der im Wesentlichen auf Ausführungen von Lämmler und Vils basieren (Vgl. https://www.testingtime.com/ux-testing/guide-fuer-moderierte-benutzertests/).

Zunächst gilt es, die Ziele für den Test zu definieren. Was soll am Ende herausgefunden werden? Beim proofler war es das übergeordnete Ziel der Tests, insbesondere Schwächen in der Userführung aufzudecken. Dazu wurde ein sogenannter In-House-Test vorbereitet, der in dem mehrfach erwähnten DI-Lab stattfand. Alternativen bzw. Ergänzungen dazu sind zum einen sogenannte *Hallway-Tests,* bei denen Personen (die der Zielgruppe entsprechen → Personas nutzen!) in der Öffentlichkeit etwa auf der Straße oder in Cafés befragt werden.

Darüber hinaus können auch *Remote-User-Tests* durchgeführt werden, bei denen dann die Personen den Test zu Hause am eigenen Rechner absolvieren. Der Vorteil ist, dass hierdurch der Stress etwas reduziert wird. Eine bekannte Plattform, um jene Tests durchzuführen, ist z. B. usertesting.com. Es wird hier zwischen moderierten und unmoderierten Tests unterschieden. Ein Vorteil der moderierten Variante ist etwa, dass der Moderator wie bei einem offenen Interview an der einen oder anderen Stelle nachhaken kann. Vorteil der unmoderierten Vorgehensweise ist z. B., dass sich die Testperson weniger durch einen Moderator kontrolliert fühlt und somit ggf. weniger gestresst ist. Nachdem sich für die Methode entschieden wurde geht es nunmehr darum, ein entsprechendes *Testskript* zu verfassen. Darin wird ein einleitendes WarmUp, der Hauptteil und ein Cooldown beschrieben. Das WarmUp dient dazu, die Testperson in die Situation einzuführen, ihr etwaige Ängste zu nehmen und mit der Anwendung grundsätzlich vertraut zu machen. Der Hauptteil beschreibt die Aufgabe(n), welche die Testperson mit oder in der Online-Anwendung erledigen soll. Im Cooldown schließlich werden nochmals allgemeine Feedback-Fragen gestellt und zudem nach grundsätzlichen Verbesserungsvorschlägen gefragt.

Nun gilt es, die TeilnehmerInnen zusammenzustellen bzw. diese zu akquirieren. Lämmler und Vils verweisen auf eine Studie von Nielsen, wonach bereits fünf Nutzer ausreichen würden, um die gröbsten Mängel hinsichtlich der User-Führung aufzudecken (Vgl. ebd.). Wie bereits angedeutet sollten die Testpersonen aus dem Kreis der im Rahmen der Positionierung definierten Personas stammen. Sollten hier jedoch nicht genügend Testpersonen gefunden werden kann als Kompromiss auch auf andere Kandidaten zurückgegriffen werden, die nicht direkt der Kernzielgruppe zuzuordnen sind.

Die Tests selbst mögen auf ca. 45 min ausgelegt werden. Kürzere Tests erzeugen ggf. einen zu geringen Erkenntnisgewinn, dauern sie zu lange, sind Konzentrations- und/oder Motivationseinbrüche bei den TeilnehmerInnen zu erwarten. Für die Durchführung selbst sind neben einem Rechner und/oder Mobilgeräten diverse Hilfsmittel bekannt. Zum einen ist es sinnvoll, die Tests mit einer entsprechenden Videosoftware aufzuzeichnen (selbstverständlich gilt es dabei jeweils das Einverständnis der Testpersonen einzuholen). Der große Vorteil beim Aufzeichnen liegt darin, dass sich der Moderator und etwaige zusätzliche Beobachter voll auf die Testperson konzentrieren können ohne befürchten zu müssen, etwas zu verpassen. Ein Beispiel für ein derartiges Tool ist screencast-o-matic.com. Darüber hinaus bietet es sich an, die Testperson bzw. deren Reaktionen auch direkt z. B. mittels eines *Eyetrackers* (zeichnet auf, welche Bereiche der Anwendung die Testperson betrachtet) und/oder einer Webcam aufzuzeichnen. So kann man im Nachhinein sowohl ihre Handlungsschritte auf dem

Screen als auch ihre Gedanken und ggf. auch Emotionen auswerten. Hilfreich ist es hierbei freilich, die Testperson darum zu bitten, während der gesamten Tests laut zu denken. Da das für die eine oder den anderen zunächst etwas ungewohnt ist, kann es mitunter einige Minuten dauern, bis dies den Kandidaten gelingt. Jenes laute Denken ist so gemeint, dass die Testperson tatsächlich alles kommentiert was sie sieht, denkt und tut. Dabei kann es sowohl um Geschmacksfragen gehen („Das Design ist aber düster."), Verständnisfragen beinhalten („Also jetzt weiß ich gerade nicht, was ich machen soll!") oder aber direkte Verbesserungsvorschläge enthalten wie „Den Button hier würde ich höher setzen, dann muss man nicht scrollen."

Beim proofler-Test wurden die Testpersonen in der Warmup-Phase zunächst darum gebeten, die Landingpage (www.proofler.com) zu öffnen und zu sagen was sie denken, worum es bei dem Online-Angebot gehen würde. Den Testpersonen wurde somit zunächst <u>nicht</u> gesagt, dass sie jetzt eine Software testen sollen, die dabei unterstützen kann, Entscheidungen zu treffen. Das Verhalten der Testpersonen war durchaus unterschiedlich. Einige nahmen sich viel Zeit und sahen sich zunächst das Produktvideo an und durchstöberten die Seite allgemein. Andere wiederum wollten direkt loslegen und eine Entscheidung treffen. Als Aufgabe wurden den proofler-Testpersonen im Wechsel zwei verschiedene Cases angeboten. Einerseits sollten sie sich mit vorgegebenen Daten für einen neuen Mitbewohner entscheiden, andererseits ging es darum, sich zwischen verschiedenen Reisezielen zu entscheiden. Ferner wurde randomisiert zwischen den Cases und den Endgeräten (Desktop und mobil) gewechselt, sodass jede Testperson insgesamt zwei Tests durchgeführt hat. Für das abschließende Cool down empfehlen Lämmler und Vils folgende Fragestellungen:

- Was ist dein allgemeiner Eindruck der Website/Anwendung?
- Nenne spontan 3 Schlüsselwörter, die für dich die Webseite/App beschreiben.
- Welche 3 Dinge findest Du an dieser Webseite/App am besten und welche am schlechtesten?
- Würdest du diese Webseite/App in Zukunft benutzen und wenn – warum, bzw. warum nicht?
- Würdest du diese Webseite/App an Freunde und Arbeitskollegen weiterempfehlen?
- Hast du noch Fragen oder Anmerkungen?

Das proofler-Team fragte ergänzend auch noch welche Entscheidungen die Testperson sich vorstellen könne, mit dem proofler zu treffen und ob auch ein späterer Einsatz im Job (B2B) denkbar wäre. Nun folgt die Auswertung des Materials.

Hier ist zu empfehlen, möglichst wenig Zeit zwischen Tests und Auswertung verstreichen zu lassen, um möglichst mit frischen Eindrücken der Beobachter arbeiten zu können. Lämmler und Vils empfehlen, die Ergebnisse der Auswertung in einer Tabelle wie folgt zu strukturieren und aufzuarbeiten:

1. **Betroffene Stelle:** Hier sollte die Aufgabe und die genaue Stelle an der das Problem aufgetreten ist, kurz beschrieben werden.
2. **Problem:** Das Problem soll möglichst nachvollziehbar beschrieben werden: z. B. War verwirrt, wusste nicht, ob z. B. die Kriterien zur gleichen Option gehören.
3. **Ursache:** Eine erste persönliche Einschätzung der Ursache: z. B. Begriff Kriterium ist unklar.
4. **Anzahl betroffener Testpersonen:** Hier wird aufgeführt, wie viele Personen jene Mangel identifiziert haben.
5. **Schweregrad** – Mithilfe dieser Fünferskala kann festgelegt werden, wie schwerwiegend ein Problem ist. Dabei sollte der Aufwand, ein Problem zu beheben, keine Rolle spielen. 0 = Ist kein Usability Problem; 1 = Kosmetisches Problem; 2 = Geringfügiges Usability Problem; 3 = Bedeutendes Usability Problem; 4 = Usability Desaster

▶ UX-Tests sollten in regelmäßigen Abständen immer wieder durchgeführt werden.

Markteinführung 5

Im nun folgenden Kapitel wird kurz skizziert, welche Schritte im Rahmen der initialen Markteinführung eines digitalen Produkts indiziert sind, bzw. welche Prozesse sich bewährt haben. Es dürfte einleuchten, dass bei der immensen Vielfalt an denkbaren digitalen Produkten hier unmöglich für alle Branchen eine entsprechende Strategie aufgezeigt werden kann. Wohl aber sind die nachstehenden Ansätze auf sehr viele Bereiche anwendbar, da sie sich im Kern ähneln. Der große Vorteil der Markteinführung eines digitalen Produkts liegt insbesondere in der Möglichkeit, den Erfolg bzw. den Impact im Markt direkt zu messen. Darüber hinaus sind die Kosten zumeist deutlich geringer, da eine digitale Kommunikation oft weniger Ressourcen benötigt und gleichsam potenziell sehr viele Menschen erreicht.

5.1 Grundsätzliches zum Launch

Der wohl am meisten diskutierte, einen Launch betreffende, Aspekt dürfte der *Zeitpunkt* sein, an dem ein (digitales) Produkt in den Markt eingeführt wird. Der bereits erwähnte Ansatz Ries', den er Lean-Startup nennt, sieht vor, sehr schnell in den Markt zu einzutreten, um möglichst frühzeitig sachdienliches Feedback zu erhalten. Freilich bleibt er die Antwort schuldig, wann dafür der beste Zeitpunkt ist. Tatsächlich dürfte es „den" perfekten Zeitpunkt auch nicht geben. Zu verschieden sind Produkte, Zielgruppen, Trends und Märkte, als dass sich hier eine sachgemäße Aussage treffen ließe. Wohl aber scheint eine Tendenz vorzuherrschen, die mit „lieber früher als später" zusammengefasst werden kann. So wird etwa dem LinkedIn-Gründer Reid Hoffman die Aussage zu geordnet: *„Wenn dir die erste Version deines Produktes nicht peinlich ist, hast du es zu spät auf den Markt gebracht. "*

© Springer Fachmedien Wiesbaden GmbH, ein Teil von Springer Nature 2019   43
S. Pioch, *Digital Entrepreneurship,* essentials,
https://doi.org/10.1007/978-3-658-24068-4_5

Nun gilt es freilich, solche radikalen Aussagen mit etwas Skepsis zu betrachten und nicht zu wörtlich zu nehmen, im Kern ist die Einschätzung jedoch zu begrüßen. Insbesondere bei deutschen Unternehme(r)n ist es häufig immer noch üblich, zunächst einen gewissen Grad an Perfektion zu erzielen, bevor der Markteintritt vollzogen – ja, gewagt wird. Die Gefahr jedoch, dabei die eigene Zielgruppe außen vor zu lassen, ist groß. Auf der anderen Seite kann es keinen Sinn ergeben, ein Produkt zu testen, das sein Werteversprechen (noch) nicht einlöst. Insofern liegt die Wahrheit, wie so oft, in der Mitte und dogmatische Aussagen helfen nicht weiter. Dem Autor sind diverse Beispiele bekannt, in denen Markteinführungen geplant und strukturiert erfolgt sind, andere launchten nahezu plan- und konzeptlos. Beide Strategien können jedoch durchaus erfolgreich verlaufen, Garantien in die eine oder andere Richtung sind indes ausgeschlossen. Der Grund für die *Prognoseintoleranz* des Erfolges digitaler Geschäftsmodelle scheint sich auf drei Bereiche zu verdichten:

1. **Der hohe Innovationsgrad:** Viele Menschen haben Schwierigkeiten damit, abstrakte, neue Produkte dahin gehend zu bewerten, ob sie sie nutzen würden, oder nicht. Angebote wie etwa die Bilderplattform *Flickr entstand aus dem Ansatz heraus, ein Game produzieren zu wollen. Der visuelle Gegenstand der Idee führte jedoch dazu, dass erst die Möglichkeit der Interaktion der Zielgruppe damit, eine genauere Einschätzung der Erfolgswahrscheinlichkeit zuließ.*
2. **Skalierungseffekte:** Ein Erfolgsgrundsatz digitaler Geschäftsmodelle lautet *„The Winner takes it all!"* Es gibt ein Uber, ein Airbnb und ein Google. Weitere Marktbegleiter sind häufig ohne entscheidende Relevanz, weshalb teilweise immense defizitäre Ergebnisse in Teilmärkten akzeptiert werden, um global gesehen weiterhin Marktführer zu bleiben.
3. **Kulturunterschiede:** Ein Grund, warum Copycats (Ideen, die in einem Markt „A" erfolgreich sind, werden auf einem Markt „B" ebenfalls ausgerollt.) nicht a priori erfolgreich sind, dürfte sein, dass es trotz demografischer Gemeinsamkeiten innerhalb einer Zielgruppe, die sich jedoch in unterschiedlichen Ländern befinden, bisweilen doch nicht möglich ist, erfolgreiche Konzepte nach Belieben zu kopieren. So haben z. B. die *digital wearables* der Fa. securella, die dem Träger ein Gefühl der Sicherheit geben sollen, in Südafrika eine viel höre Akzeptanz erfahren als etwa in Deutschland. Auch wenn die Zielgruppen nahezu identisch waren, müssen jedoch auch regionale Aspekte berücksichtigt werden.

5.2   Markteintritt am Beispiel des proofler

In dem folgenden Abschnitt wird einmal exemplarisch einen Ausschnitt der Markteintritt des prooflers beschrieben, um sowohl auf der Makro- als auch auf der Mikroebene sachdienliche Eindrücke davon zu erhalten, welche Schritte wann zu welchen Ergebnissen führen können. Zunächst einmal ist festzustellen, dass es sich bei einem Markteintritt, insbesondere, wenn Start-ups ihn vollziehen, mitnichten um ein singuläres Ereignis, sondern vielmehr um einen Prozess handelt. Beim proofler ist hier von ca. zwei Jahren die Rede. Dies hat zwar auch organisatorische Gründung, ist aber keine Seltenheit.

Dies liegt u. a. daran, dass erst nach einem regulären Markteintritt (kurze Tests zählen nicht dazu) ein profundes Feedback seitens des Marktes zur Verfügung steht, das sodann häufig erneut dazu führt, dass Produkt- und/oder Geschäftsmodellanpassungen vorgenommen werden. Vor dem Hintergrund der immensen Möglichkeiten, wie ein digitales Produkt gestaltet sein kann, ist es auch illusorisch anzunehmen, es gäbe „den" Weg, um einen erfolgreichen Markteintritt zu beschreiben. Oftmals ähneln sich Strategien und Kanäle, wirklich identisch dürfte jedoch kein Launch dem anderen sein.

Dies hängt freilich insbesondere damit zusammen, dass sich verschiedene Produkte an unterschiedliche Zielgruppen richten und mithin auch jeweils andere Kanäle nötig sind, um jene Angebote zu platzieren. Ist es in einem Fall indiziert, über social media-Kanäle die Zielgruppe zu erreichen, kann ein anderes Mal eine Google Ads-Kampagne das Mittel der Wahl sein. Bisweilen sind auch Affiliates, Radio & TV erfolgreich, oder aber es ist wiederum der klassische Direktvertrieb geeignet, um ein digitales Produkt zu vermarkten – häufig ist es ein Mix aus den genannten Wegen.

Die Frage sollte zunächst stets lauten: Wie (Strategie) können wir unsere Zielgruppe wo (Touchpoints) mit welchen Aussagen erreichen und davon überzeugen, unser Angebot zu nutzen? Die Antwort auf jene Frage wird eine detailliert ausgearbeitete (Online-) Marketingstrategie sein, die zudem beschreibt, wie etwaige Markteintrittsbarrieren umgangen werden (Vgl. Kollmann 2016, S. 456 ff.). Darüber hinaus ist der Prozess des Markteintritts insofern differenziert zu betrachten, als dass entschieden werden muss, welche Detailziele erreicht werden sollen. Geht es um das Wecken von Awareness für eine Marke? Soll Umsatz generiert werden? Oder aber geht es zunächst „nur" darum, das Angebot zu schärfen und somit die Zielgruppe besser zu verstehen?

Letzteres war beim proofler der Fall. Nachdem ein MVP produziert und hinsichtlich der UX getestet wurde, erfolgte ein initialer Markteintritt. Übergeordnetes Erkenntnisziel war es, die Thesen hinsichtlich der Zielgruppe und die inhaltliche Verwendung des prooflers zu validieren. Die Zielgruppenanalyse hatte mehrere Personas hervorgebracht, die allesamt über Facebook erreichbar schienen. Es wurde mithin eine entsprechende Kampagne aufgesetzt, die nachstehend kurz beschrieben wird.

5.2.1 Proofler Facebook-Kampagne 1.0

Mit einem relativ kleinen Budget von ca. 5.000,00 € sollte es gelingen, die zuvor beschriebenen Ziele zu erreichen. Unter Zuhilfenahme einer Agentur konnten innerhalb von knapp vier Wochen die wichtigsten Fragen beantwortet und zudem weitere sehr hilfreiche Insights generiert werden. Die Kampagne sah vor, sich in Deutschland an folgende Zielgruppen zu richten:

- Frauen (25–45 Jahre)
- Männer (25–45 Jahre)
- Paare (25–45 Jahre)

Inhaltlich wurden Anzeigen konzipiert, die sich sowohl mit allgemeinen, als auch mit detaillierteren Entscheidungsthemen beschäftigten wie z. B.:

- Fallen dir wichtige Entscheidungen manchmal schwer?
- Schon mal das falsche Hotel gebucht?
- Welches Studium passt zu mir?
- Habe ich den passenden Job gewählt?
- Welche Wohnung passt zu mir?
- Keine Lust, dich für das falsche Auto zu entscheiden?

Die Abb. 5.1, 5.2 verschaffen einen Eindruck von der Kampagne.

Bereits vier Wochen reichten aus, um signifikanten Traffic auf der Anwendung zu erzeugen und um folgende Erkenntnisse zu gewinnen (Auszug):

- Erreichte Personen: 144.416 bei ausgegebenem Betrag von EUR 3393,20 (von EUR 5000,- Budget)
- Ergebnis: 1279 Leads bei durchschnittlich EUR 2,65 Kosten
- Proofler wird bevorzugt von jüngeren Frauen genutzt
- Thema Entscheidungen grundsätzlich sehr relevant
- Thema Studienwahl als einziges hoch relevant für Frauen im Alter von 25–34 Jahren (67 %) und im Alter von 35–44 Jahren (28 %)

Frau (25-45 Jahre)

Abb. 5.1 proofler-FB-Kampagne 1.0, Zielgruppe 1. (Quelle: Onbyrd)

Abb. 5.2 proofler-FB-Kampagne 1.0, Zielgruppe 2 u. 3. (Quelle: Onbyrd)

- Thema Wohnungswahl als einziges hoch relevant für Pärchen im Alter von 25–34 Jahren (84 %) und im Alter von 35–44 Jahren (15 %)
- 70 % der Nutzer verwendeten den proofler mit dem Rechner, 30 % mit mobile-Devices

In Abschn. 3.4 wurde darauf hingewiesen, dass initiale social media-Kampagnen nicht nur der Steigerung der Bekanntheit des digitalen Produkts dient, sondern auch als Primärforschung angesehen werden kann. Somit fließen die zuvor skizzierten Erkenntnisse auch direkt in die Marktrecherche mit ein, auch wenn sie freilich zu einem späteren Zeitpunkt erhoben wurden.

Es folgte nunmehr eine entsprechende Aufbereitung und Analyse jener Insights. Das Team kam zu dem Schluss, dass der bislang eingeschlagene Weg des Angebots eines für verschiedene Entscheidungen geeigneten Tools weiterhin verfolgt werden soll, da dies durch die Nutzung entsprechend untermauert wurde. Ferner wurden überaus hilfreiche Hinweise bzgl. der Zielgruppe gewonnen, die sodann in späteren Kommunikationsstrategien zur Anwendung gelangten.

Es gelang dem Team, u. a. durch den erfolgreichen Nachweis der Relevanz eines derartigen Tools einen Risikokapitalgeber von einem Investment zu überzeugen. Dies wiederum führte zu der Möglichkeit, das MVP entsprechend komplett zu überarbeiten und sodann eine zweite social media-Kampagne anzustrengen. Im nachfolgenden Kapitel werden die wichtigsten Aspekte jener Follow-up-Maßnahme skizziert.

5.2.2 Proofler Facebook-Kampagne 2.0

Das MVP wurde dank des Investments komplett überarbeitet. Sowohl was das Design angeht, aber auch die Nutzerführung und die technische Funktionsweise. Ferner wurde ein Produktvideo produziert, da als weitere Erkenntnis aus der initialen Kampagne der Hinweis abgeleitet wurde, dass einige Nutzer die Einsatzmöglichkeiten des prooflers durch eine einmalige Testanwendung nicht umfassend abschätzen konnten. Zu ähnlichen Ergebnissen kam auch ein Team von Studierenden der Hochschule Fresenius in Hamburg, die parallel ein separates social-media-Konzept für den proofler entwickelten.

Ähnlich geblieben ist bei der neuen Kampagne strategisch, dass neben dem Adressieren eines allgemeinen Entscheidungstools auch erneut thematisch abgegrenzte Entscheidungssituationen entwickelt wurden. Ging es hier inhaltlich bei der ersten Kampagne noch um Hotelbuchungen oder das Thema Autokauf, wurden nunmehr zum einen erneut das Thema Studienwahl und Urlaubsplanung adressiert. Was die Zielgruppe betrifft wurden überwiegend junge Leute zwischen 18 und 30 angesprochen. Die Zahlen in Tab. 5.1 veranschaulichen beeindruckend die unterschiedliche Performance der beiden Kampagnen (bei jeweils einen Zeitraum von vier Wochen).

Tab. 5.1 Performance-Vergleich verschiedener Kampagnen. (Quelle: Vedaserve GmbH)

	Kampagne 2016	Kampagne 2018
Ausgegebenes Mediabudget	3393,20 €	2519,86 €
Erreichte Personen	144.416	257.907
Kosten pro Klick auf Webseite	2,65 €	0,70 €

Auch wenn es bei Facebook zwischen 2016 und 2018 signifikante Anpassungen im Werbebereich gab, dürfte insbesondere die treffsichere und die Zielgruppe genauer ansprechende Anzeigengestaltung für die bessere Performance verantwortlich sein, zuzüglich zu dem überarbeiteten Design des proofler als solches. Hierbei sind Dinge wie das Wording, animierte Bilder und eine kluge Bildauswahl sehr entscheidend. Die Abb. 5.3 zeigt eine Auswahl von Anzeigen aus der 2018er Kampagne.

5.2.3 Weitere Maßnahmen zum proofler-Markteintritt

Das Team konnte aus der zweiten Kampagne ebenfalls die Erkenntnis ableiten, dass Facebook und Instagram zwar durchaus geeignet sind, um grundlegend das Tool bei der Zielgruppe bekannt zu machen, allerdings gelang es, nachvollziehbarerweise, nur in einem geringen Maße auch Personen zu definieren, die sich

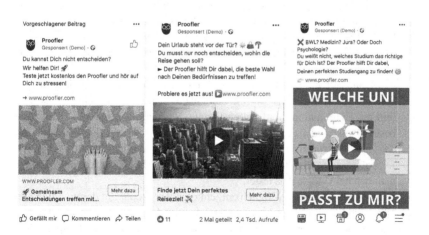

Abb. 5.3 proofler-FB-Kampagne 2.0. (Quelle: Adbaker)

auch aktuell in einer konkreten Entscheidungssituation befanden. Das wiederum hatte zur Folge, dass jene Nutzer die Anwendung nur bis zu einem bestimmten Punkt verwenden, da sich dann das Aufwand-Nutzen-Verhältnis für sie umkehrt.

Dies ist gleichsam ein gutes Beispiel dafür, welche immensen (Kontroll-) Möglichkeiten die Markteinführung eines digitalen Produkts bietet. Stellt man sich gleiches mit einem analogen Produkt vor ist die Möglichkeit, hier ein adäquates Feedback zu erhalten, um ein Vielfaches geringer. Hier kann beispielhaft der Fall eines Lautsprecherherstellers angeführt werden, der potenziellen Kunden anbietet, diese für eine Zeit lang kostenlos zu testen. Wenn die Lautsprecher dann nach der Testphase zurückgeschickt werden ist zum größten Teil völlig unklar, warum die Kunden das Produkt nicht weiterverwenden möchten.

Auch die Fähigkeit des Storytellings spielt eine nicht zu vernachlässigende Rolle im Rahmen der Markteinführung eines digitalen Produkts (Vgl. Baum 2018, S. 74). Insbesondere bei Push-Marketing-Maßnahmen, bei denen der User quasi beim Rezipieren des News-Feeds unterbrochen wird, ist es überaus wichtig, eine spannende Geschichte zu erzählen, um die Aufmerksamkeit des Nutzers zu gewinnen. Gleiches gilt freilich auch darüber hinaus beim Überzeugen von Investoren, Mitarbeitern oder anderen Stakeholdern.

Das Team kam vor dem Hintergrund der zuvor dargelegten Erkenntnisse zu dem Schluss, vermehrt auf Pull-Marketing-Maßnahmen zu setzen, sprich den User dort zu akquirieren, wo er konkret nach einem Produkt bzw. nach einem Angebot sucht. Hier verfolgt das proofler-Team insbesondere folgende Ansätze:

- **Google Ads:** Bei Google Werbung zu schalten hat u. a. den Vorteil, dass nur dann Kosten entstehen, wenn Nutzer auch tatsächlich auf die Anzeige klicken. Konkret bedeutet das, dass wenn Nutzer nach einem Tool suchen, das sie im Rahmen einer Entscheidung unterstützen kann, sind auch erst dann Kosten fällig, wenn sie, im hier diskutierten Fall, auf die Anzeige des prooflers klicken und somit auf die entsprechende Webseite gelangen. Hier wird jedoch auch empfohlen, im Sinne des Nutzers zu denken, dem ggf. gar nicht klar ist, dass ihm ein Entscheidungstool helfen könnte. Suchanfragen wie etwa „die zehn besten Unis", oder „die Top drei Digitalkameras" lassen die Vermutung zu, dass hier ein Nutzer in Begriff ist, eine entsprechende Entscheidung zu treffen, weshalb das proofler-Team auch die Performance derartiger Keyword-Kombinationen bei Google Ads testet.
- **Affiliate:** Eine weitere Möglichkeit, ein digitales Produkt in der unmittelbaren Nähe der eigenen Zielgruppe zu platzieren, ist das Schalten sogenannter Affiliate-Banner auf der Webseite eines Anbieters, der dieselbe Zielgruppe adressiert. Daher stammt auch die Bezeichnung *affiliate,* die mit „sich angliedern"

übersetzt werden kann. Hier gilt es freilich zu berücksichtigen, dass sich beide Angebote (Webseite auf der ein Banner platziert und Anwendung, auf die das Banner verlinkt) nicht gegenseitig kannibalisieren. Im Fall des prooflers sind hier Anbieter wie Gebrauchtwagen- oder Immobilienportale denkbar, auf denen Nutzer nach Optionen suchen, zwischen denen sie sich dann entscheiden müssen.

- **White-label:** Als White-label wird gemeinhin ein Produkt bezeichnet, das nicht unter der eigenen Marke auftritt (Vgl. https://www.gruenderszene.de/lexikon/begriffe/white-label?interstitial). Im Fall des prooflers bedeutet dies, dass etwa ein Nutzer auf besagten Portalen nach einer Immobilie bzw. einem Fahrzeug sucht und sodann auf den genannten Portalen ein Tool vorfindet, das ihm im Rahmen seiner Entscheidungsfindung unterstützt. Technisch befindet er sich dann zwar auf den Servern des White-Label-Produkts (in diesem Fall beim proofler), optisch nimmt er das jedoch nicht wahr, sondern hat immer noch den Eindruck, dass er sich auf der Webseite des ursprünglich genutzten Portals befindet. Jener Ansatz bietet für die Nutzer den Vorteil, nicht zwischen verschiedenen Anwendungen hin und her wechseln zu müssen. Dem Portal bietet es den Vorteil, dass es den Nutzern einen zusätzlichen Nutzen verschafft und somit die Verweildauer auf dem eigenen Angebot erhöht und dem White-Label-Produkt verschafft diese Partnerschaft zusätzlichen Traffic der exakt relevanten Zielgruppe – eine win-win-win-Stituation.

Abschließend kann festgestellt werden, dass es nicht den einen Weg gibt, um ein digitales Produkt erfolgreich am Markt zu platzieren. Es gilt hier mehrere Strategien zu testen, deren Performance zu messen und sodann ggf. einen anderen Ansatz/Kanal zu präferieren. Jenes inkrementelle Vorgehen ist vielen agilen Arbeitsmethoden inhärent, die im nachfolgenden Exkurs kurz vorgestellt werden.

Auch wenn, wie ausgeführt, ein für alle digitalen Produkte funktionierendes Konzept zu erfolgreichen Markteinführung nach Ansicht des Autors nicht existiert, so ist doch gleichsam sehr wohl übertragbar, dass der Ansatz, stets aus Kundensicht einen derartigen Launch zu konzeptionieren, über eine entsprechende Erfolgswahrscheinlichkeit verfügt. Wenn es passend erscheint können dann ergänzend auch Methoden wie der sogenannte *Hollywood Launch* getestet werden (Vgl. Fried et al. 2009, S. 144 f.). Hiermit ist gemeint, dass man, wie bei der Ankündigung eines Kinofilms, den Launch des Produkts mehrere Wochen zuvor *anzuteasern,* sprich in mehreren Iterationen auf verschiedenen Kanälen anzukündigen. Der Vorteil jenes Vorgehens ist es u. a., dass die Zielgruppe den Launch mit einer höheren Aufmerksamkeit (awareness) verfolgen dürfte, als wenn dieser ohne die Vorabankündigungen erfolgte. Derartige Maßnahmen sollten jedoch immer zur Zielgruppe passen und sind individuell abzuwägen.

Exkurs agile Arbeitsmethoden

6

Zum Ende dieses Leitfadens soll zumindest sensibilisierend kurz auf den Bereich der agilen Arbeitsmethoden eingegangen werden. Es existieren bereits diverse Bücher, Seminare und Weiterbildungsangebote zu diesem Thema, sodass allein das Gebot der Redundanzvermeidung nahelegt, es hier nur bei einem einführenden Statement zu belassen. Wohl aber haben sich agile Methoden insbesondere in dem hier beleuchteten Bereich der Entwicklung digitaler Produkte derart durchgesetzt, dass folgerichtig empfohlen wird, sich hier entsprechend zu befähigen und jene Methoden zu erlernen.

Aus der Erfahrung des Autors heraus kann gesagt werden, dass es eher indiziert ist, ein Set aus agilen Arbeitsmethoden für das eigene Unternehmen und für den entsprechend aktuellen Entwicklungsprozess eines digitalen Produkts zusammenzustellen, als sich ausschließlich auf eine einzelne Methode zu konzentrieren. Aus der Vielzahl der agilen Arbeitsmethoden (bzw. denen, die als solche bezeichnet werden) werden nachstehend drei Ansätze exemplarisch kurz vorgestellt. Allen agilen Arbeitsmethoden geht es im Kern aber um folgende vier Aspekte: (Vgl. Brandes et al. 2014, S. 45. bzw. Osterwalder et al. 2014, S. 12 ff. u. Pioch et al. 2018, S. 77 ff.).

1. **Die Kunden verstehen:** Durch Einfühlungsvermögen und strukturierte Prozesse, kombiniert mit verschiedenen Methoden der empirischen Sozialforschung, geht es darum, die tatsächlichen Kundenbedürfnisse zu extrahieren anstatt lediglich auf Basis der eigenen Annahmen zu agieren.
2. **Sprints statt Marathon:** Es führt schneller und produktiver zu den gewünschten Ergebnissen, wenn inkrementell auf überschaubare Teilziele hingearbeitet wird, anstatt fortlaufend zu versuchen, ein unklares, großes Ziel zu erreichen.

© Springer Fachmedien Wiesbaden GmbH, ein Teil von Springer Nature 2019
S. Pioch, *Digital Entrepreneurship,* essentials,
https://doi.org/10.1007/978-3-658-24068-4_6

3. **Transformation durch Organisation:** Es sollten Wege gefunden werden, die es ermöglichen, das gesamte Team in die Entwicklung so zu integrieren, sodass sich jeder mit dem Vorgehen identifizieren kann – was zu einer intrinsischen Motivation aller Beteiligten führt. Dabei hilft es, Erfolge zu messen, Teilerfolge zu feiern und nicht zuletzt durch Transparenz eine moderne Unternehmenskultur zu fördern.

4. **Symbiose zwischen Produkt und Geschäftsmodell:** Eine Innovation kann dann als solche bezeichnet werden, wenn deren Vorstufe, eine Invention (Erfindung), erfolgreich am Markt platziert wurde (Vgl. Vahs u. Brem 2015, S. 21). Dies gelingt jedoch nur dann, wenn das Team neben den fortwährenden, kundenzentrierten Produktverbesserungen, auch stets das Geschäftsmodell überprüft.

Neben dem bereits skizzierten Framework des Business Model Canvas und der Kreativitätstechnik Design Thinking sind die folgenden drei agilen Arbeitsmethoden nach Ansicht des Autors am ehesten geeignet, um zügig, effizient und mit einem gut funktionierenden Team ein erfolgreiches digitales Produkt zu entwickeln.

- **Lean Startup:** Ries' (hier bereits mehrfach genanntes) Konzept basiert im Kern auf der Idee, nicht mit einem vermeintlich perfekten Produkt auf den Markt zu gehen, sondern sich iterativ mit einem MVP dem späteren finalen Produkt anzunähern. Dabei empfiehlt er einen sich wiederholenden Zyklus der Arbeitsschritte *Bauen, Messen, Lernen* (Vgl. Ries 2011, S. 75 ff.). Dabei geht es darum, den Kunden direkt einen Prototyp zu zeigen, anstatt zu versuchen, mit der gesprochenen oder geschriebenen Sprache eine Indikation für eine Erfolgswahrscheinlichkeit abzuleiten. Der große Vorteil jener Methode liegt in der signifikanten Risikoreduktion und in der steilen Lernkurve.
- **Scrum:** Hierbei handelt es sich um ein agiles Projektmanagement-Framework, dessen Name aus dem Rugby stammt, wo es den Neustart des Spiels nach einer kleineren Regelverletzung bezeichnet (Brandes et al. 2014, S. 87). Wesentliches Merkmal der Scrum-Methode ist es, dass ein Produkt nicht von Anfang bis Ende in einem Stück durchproduziert wird (Marathon), sondern man sich in vielen kleineren Sprints von Etappe zu Etappe vortastet. Der Vorteil ist einerseits, dass so ein Rhythmus entsteht, der sich an den Umfang der einzelnen Arbeitspakete anpasst und andererseits wird durch den strukturierten und fokussierten Dialog erneut das Risiko einer Fehlproduktion deutlich verringert. Dies eignet sich insbesondere für die Entwicklung eines Produkts, bei dem sowohl Auftraggeber (product owner), Auftragnehmer (Scrum master) als

auch potenzielle Nutzer nicht genau wissen, wie das finale Produkt schließlich aussehen soll. Es wird empfohlen, die Scrum-Methode im Rahmen einer Weiterbildung (2–3 Tage) zu lernen und diese zunächst bei kleineren Projekten zu testen.

- **OKR:** OKR steht für Objectives and Key Results. Das wiederum kann mit *Ziele und wichtige Ergebnisse* übersetzt werden. OKR ist ein System, das Ziele zu definiert, deren Grad an Umsetzung misst und das u. a. von Google eingesetzt wird (Vgl. Pioch et al. 2018, S. 85 f.). Der wesentliche Unterschied zu anderen Methoden ist darin zu sehen, dass es einfach zu bedienen ist, die Mitarbeiter integriert und somit für Transparenz sorgt. Insbesondere bei Projekten, deren Dauer bzw. Ausgang ungewiss ist, kann die OKR-Methode für eine gewisse Stabilität sorgen. Sie hilft dabei, präzise Ziele zu formulieren und innerhalb des Teams für Transparenz hinsichtlich gegenseitiger Erwartungshaltungen zu sorgen. Nicht selten führen vage Zielvorgaben wie: *„Lasst uns den organischen Traffic erhöhen."* oder: *„die Conversion-Rate muss sich deutlich verbessern."* dazu, dass einerseits keine klaren Strategien entwickelt werden, um jene „Ziele" zu erreichen, geschweige, dass sich andererseits das Erreichen der Vorgaben messen lässt. Präzise Aussagen wie: *„Wir wollen innerhalb von zwei Wochen die aktuelle durchschnittliche Verweildauer von 2,20 min auf 3 min erhöhen.",* oder: *„Wir wollen die Zahl der wiederkehrenden Besucher von aktuell durchschnittlich 2500 am Tag in drei Monaten auf 3500 steigern."* können mit konkreten Handlungen hinterlegt und deren Performance entsprechend genau gemessen werden.

Im Kern sind agile Arbeitsmethoden nicht wirklich neu. Auch ein Haus wird für gewöhnlich nicht an einem Stück gebaut, es gibt diverse Zwischenschritte und Abnahmen. Neu ist jedoch, dass viele Unternehmen, wie z. B. Verlage, jene Methoden erlernen sollten, da sie im Rahmen der Digitalisierung ihr Geschäftsmodell signifikant umgestalten müssen und mithin auch digitale Produkte entwickeln werden. Genügte es bislang, einer klassischen Routine zu folgen, werden zukünftig agile Arbeitsmethoden zum Einsatz kommen, da der Kunde in der Vergangenheit nur rudimentär in die Entwicklung neuer Produkte involviert war.

Die Zeiten jedoch, in denen sich Unternehmen in aller Gelassenheit neue Produkte überlegen und diese dann entwickeln konnten, dürften nunmehr endgültig der Vergangenheit angehören. Vorbei sind die Zeiten, in denen es genügte, den Kunden etwas anzubieten das deren Bedarf „in etwa" befriedigt. Jene Kunden sind inzwischen wesentlich anspruchsvoller, kritischer und fühlen sich Unternehmen wesentlich weniger verpflichtet als noch Ende des 20. Jahrhunderts. Sie sind u. a. durch digitale Medien bestens informiert, tauschen sich niederschwellig untereinander aus und haben eine Erwartungshaltung ggü. Unternehmen entwickelt, die erheblich von dem Umgang abweicht, der herrschte, als das Internet seinen Start verzeichnete.

▶   Digitale Produkte zu entwickeln bedeutet, sich zu befähigen, neue Methoden zu erlernen, digitale Kompetenzen aufzubauen, das eigene Geschäftsmodell permanent zu aktualisieren und den Kunden in den Mittelpunkt allen Handelns und Strebens zu setzen. Darüber hinaus kann eine innovative Produktentwicklung nur dann gelingen, wenn ein Höchstmaß an Transparenz im Team herrscht, der Markt durchgehend beobachtet wird und schließlich ein Set aus Methoden zur Anwendung gelangt, welches zum Unternehmen, zum Produkt, zum Team und zur Zielgruppe gleichermaßen passt.

Was Sie aus diesem *essential* mitnehmen können

- Digitalisierung stellt viele Unternehmen und Start-ups vor große Herausforderungen.
- *essential* beschreibt anhand eines konkreten Praxisbeispiels die wichtigsten Schritte, um aus einer Idee ein digitales Produkt zu entwickeln und dieses am Markt zu platzieren.
- Was sind die Besonderheiten des digital Entrepreneurship im Vergleich zum klassischen Unternehmertum?
- Welche Möglichkeiten sind geeignet, um strukturiert und praktikabel aussichtsreiche Produktideen zu entwickeln.
- Welche Methoden eignen sich, um aus einer ersten Ideen konkrete Geschäftsmodelle zu entwickeln und welche Möglichkeiten gibt es in diesem Zusammenhang, um von den Erfahrungen anderer erfolgreicher Unternehmen zu profitieren?
- Wie sollten Start-ups oder Unternehmen ihre Zielmärkte insofern strukturiert analysieren, als dass sie dann, basierend auf den gewonnenen Erkenntnissen, die richtigen Entscheidungen treffen können?
- Wie erfolgt die Entwicklung eines digitalen Prototyps, welche Zwischenschritte sind dafür nötig und inwiefern haben die Erkenntnisse jenes Prozesses direkten Einfluss auf das Geschäftsmodell?
- Rekonstruktion des Markteintritts anhand eines konkreten Praxisbeispiels um nachvollziehen zu können, welche Methoden und Kanäle geeignet sind, um einen erfolgreichen Launch umzusetzen.
- Exkurs zum Thema agile Arbeitsmethoden, in dem der Autor die wichtigsten Vorteile skizziert, welche das Erlernen und Implementieren jener Methoden bietet. Abriss zu drei der bekanntesten innovativen Arbeitsmethoden, welche inzwischen täglich im Rahmen des digital Entrepreneurship angewendet werden.

© Springer Fachmedien Wiesbaden GmbH, ein Teil von Springer Nature 2019   57
S. Pioch, *Digital Entrepreneurship*, essentials,
https://doi.org/10.1007/978-3-658-24068-4

Literatur

Adbaker GmbH. (2018). Report zur proofler-Facebook-Kampagne 2018 (unveröffentlichter Bericht). Köln.

Baum, M. (2018). *Implikationen der Digitalisierung für die Geschäftsmodellentwicklung und die Internationalisierung von Startups*. In V. Lingnau, G. Müller-Seitz, & S. Roth, Management der digitalen Transformation – Interdisziplinäre theoretische Perspektiven und praktische Ansätze (S. 64–81). München: Verlag Franz Vahlen GmbH.

Brandes, U., Gemmer, P., Koschek, H., & Schültken, L. (2014). *Management Y: Agile, Scrum, Design Thinking & Co.: So gelingt der Wandel zur attraktiven und zukunftsfähigen Organisation*. Frankfurt: Campus Verlag.

Buzan, T. (1999). *Speed Reading: Schneller lesen – mehr verstehen – besser behalten*. Landsberg am Lech: mvg-Verlag.

CIO – IT-Strategie für Manager. (12. 04 2018). *Minimum Viable Product*. CIO – IT-Strategie für Manager, S. 1–3.

Dark Horse Innovation. (2016). *Digital Innovation Playbook – Das unverzichtbare Arbeitsbuch für Gründer, Macher und Manager*. Hamburg: Murmann Publishers GmbH.

European Commion. (2014). *The EU vision, strategy and actions*. DIGITAL EUROPE NTA Summit (S. 11). Brüssel: European Commion.

Familonet GmbH. (2016). *onbyrd-Report zu proofler Facebook-Kampagne 2016* (unveröffentlichter Bericht). Hamburg.

Fried, J., Heinemeier, D. H., & Linderman, M. (2009). *Getting Real: The Smarter, Faster, Easier Way to Build a Successful Web Application*. Chicago: 37signals.

Fueglistaller, U., Müller, C., Müller, S., & Volery, T. (2016). *Entrepreneurship I Modelle – Umsetzung – Perspektiven Mit Fallbeispielen aus Deutschland, Österreich und der Schweiz*. Wiesbaden: Gabler Verlag.

Gassmann, O., Frankenberger, K., & Csik, M. (2017). *Geschäftsmodelle entwickeln – 55 innovative Konzepte mit dem St. Galler Business Model Navigator*. München: Carl Hanser Verlag.

Holzer, P. (07. 09 2018). http://www.medien.ifi.lmu.de. Von http://www.medien.ifi.lmu.de/fileadmin/mimuc/mmi_ws0506/essays/uebung2-holzer.html abgerufen

Jung, H. (2010). *Allgemeine Betriebswirtschaftslehre*. München: Oldenbourg Wissenschaftsverlag.

© Springer Fachmedien Wiesbaden GmbH, ein Teil von Springer Nature 2019
S. Pioch, *Digital Entrepreneurship,* essentials,
https://doi.org/10.1007/978-3-658-24068-4

Kauffman, E. M. (2010). *Entrepreneurship and the Entrepreneurial Mind-Set*. In R. Hisrich, M. Peters, & D. Shepherd, Entrepreneurship (S. 2–23). New York: McGraw-Hill.

Kollmann, T. (2005). *E-Entrepreneurship: Grundlagen der Unternehmensgründung in der Net Economy*. Wiesbaden: Springer Gabler.

Nambisan, S. (01. 11 2017). *Digital Entrepreneurship: Toward a Digital Technology Perspective of Entrepreneurship*. ET&P, S. 1029–1055.

Osterwalder, A., & Pigneur, Y. (2011). *Business Model Generation – Ein Handbuch für Visionäre, Spielveränderer und Herausforderer*. Frankfurt: Campus Verlag.

Osterwalder, A., Pigneur, Y., Bernada, G., & Smith, A. (2014). *Value Proposition Design*. New Jersey: Wiley.

Pflaum, A., & Schulz, E. (02. 03 2018). *Auf dem Weg zum digitalen Geschäftsmodell – „Tour de Force" von der Vision des digitalisierten Unternehmens zum disruptiven Potenzial digitaler Plattformen*. Springer Fachmedien. Wiesbaden: Springer Nature.

Pioch, S. (2016). *Startup-Intelligence Entscheidungsfindung in der frühen Gründungsphase*. Hamburg: Verlag Dr. Kovač.

Pioch, S., Sonnet, D., & Blenski, B. (2018). *Die digitale Achillesferse – Wie mittelständische Unternehmen die Chancen der Digitalisierung nutzen können. Ein Praxisleitfaden*. Hamburg: tredition.

Ries, E. (2011). *The Lean Startup – How today's Entrepreneurs use continuous innovation to create radically successful businesses*. New York: Crown Business.

Rohrbeck, R., & Gemünden, H. G. (2006). *Strategische Frühaufklärung – Modell zur Integration markt- und technologieseitiger Frühaufklärung*. In J. Gausemeier, Vorausschau und Technologieplanung (S. 159–176). Paderborn: Heinz Nixdorf Institut.

Schaller Werbeagentur GmbH. (07. 09 2018). der-shopstart.de. Von http://der-shopstart.de/unser-moodboard-beispiel abgerufen

TechTarget. (07. 09 2018). searchmicroservices.techtarget.com. Von https://searchmicroservices.techtarget.com/definition/user-interface-UI abgerufen

TestingTime AG. (07. 09 2018). www.testingtime.com. Von https://www.testingtime.com/ux-testing/guide-fuer-moderierte-benutzertests/ abgerufen

Vahs, D., & Brem, A. (2015). *Innovationsmanagement – Von der Idee zur erfolgreichen Vermarktung*. Stuttgart: Schäffer-Poeschel.

Vertical Media GmbH. (07. 09 2018). gruenderszene.de. Von https://www.gruenderszene.de/lexikon/begriffe/white-label?interstitial abgerufen

ZEIT Akademie. (2017). *Design Thinking – Der kreative Weg zu innovativen Lösungen*. Hamburg: ZEIT Akademie.

Zhao, F., & Collier, A. (2016). *Digital Entrepreneurship: Research and Practice. 9th Annual Conference of the EuroMed Academy of Business* (S. 2173–2182). Perth: School of Business and Law, Edith Cowan University.

Printed in the United States
By Bookmasters